안녕하세영

세영의 첫번째 산문집

프롤로그

안녕하세영, 세영입니다.

처음 글을 쓰겠다고 마음먹었을 때, 살랑이는 바람에도 구르다 날다 하는 낙엽처럼 가벼운 글을 써야겠다고 생각했습니다. 아무 페이지나 펼쳐 보아도 후루룩 읽어 버릴 스낵 같은 담백한 일상을 담아보겠다고 말입니다. 맵고 쓴 일상을 살아가는 당신에게 굳이 마음 쓸 일을 만들어 주고 싶지 않았습니다.

그런데 글을 쓰려고 컴퓨터 앞에 앉으면 저릿한 그리움이 아른거렸습니다. 이제는 만날 수 없는 언니의 얼굴과 할머니의 뒷모습이 떠올랐습니다. 사랑해 마지 않던 무지개 다리를 건넌 바우의 보드라운 털이 마음을 가득 채워 다른 생각은 떠오르지 않았습니다. 어쩔 수 없었습

니다. 나를 채우고 있는 가득한 그리움들부터 하나씩 글로 정리해 나갔습니다.

  그리움을 비우고 나자 따뜻한 추억이 떠오르고, 싱겁지만 소중한 일상들이 특별하게 다가와 이야기가 되었습니다. 무거운 마음은 다듬어 덜어내었습니다. 당신에게 짐이 되지 않도록.

  모두 다 해서 열다섯 꼭지의 글을 만들었습니다. 그리움과 추억과 아픔을 담고, 정말 내가 전하고 싶었던 보통의 일상도 나누었습니다. 글을 쓰며 내가 그랬듯이 글을 읽는 당신도 위로받기를 바랍니다. '우리 사는 것 다 비슷하고 별것 없지만, 그래서 살 만 한 것 아닌가' 가벼운 미소로 털어내고 오늘도 편안한 잠자리에 들기를 바랍니다.

  감사합니다.

목 차

프롤로그 ···2

모두를 실망시킨 탄생, 그래도 나는 내가 좋아요 ··············7

오십견이요? 난 아직 사십 대 인데요? ·····························15

내 이름은 차학용, 우리 오빠도 차학용 ····························23

나에게는 영원히 늙지 않는 언니가 있습니다 ··················33

'수상한 사람' 감별 실패, 결과는요? ·································43

남편의 '일탈', 응원하는 아내입니다 ·································53

아이를 내쫓았다 외투도 핸드폰도 없이 ····························65

좋아해서 같이 뒹굴고 뛰놀았어요································73

밤 열 시의 사랑 고백, 사랑한다 사랑한다 ·················83

언니 머리에는 땜빵, 그거 만든 사람 막내 ················95

날마다 죄책감 갱신, 반전은 목욕탕에서 ················105

이토록 멋진 자유는 맨 몸일 때만 ·······················115

글 쓰면서 더 남다른 '이 말' ····························121

취미는 선플, 댓글창에서는 솔직담백 ··················129

친애하는 나의 우울에게 ································137

모두를 실망시킨 탄생,
그래도 나는 내가 좋아요

주목받지 않아서 자유로웠던 셋째 딸 이야기

"선생님, 아들인가요?"

1981년 1월 서울시 영등포구 한 산부인과. 세 번째 배를 가르고 아이를 낳은 산모가 눈도 제대로 뜨지 못한 채 허공에 대고 물었다.

산모는 대답을 듣지 못했지만, 알 수 있었다. 침대 밑에 주저앉아 울고 있는 시어머니의 울음소리가 들렸기 때문이다.

"아이고, 아이고, 내 아들 불쌍혀서 우째야 쓰까."

산모는 조용히 눈물을 흘렸다. 흐르는 눈물은 닦아줄 사람도 없어 귓바퀴에서 찰랑댔다. 손을 잡아주고 눈물을 닦아주어야 할 남편은 병원 밖 담벼락에서 담배를 태우고 있었다. 나는 그렇게 태어났다.

엄마가 시집와서 첫 딸 아이를 낳았을 때, 큰 딸은 살림 밑천이라고들 했다. 할머니는 큰 언니에게 비단같이(羅) 영화롭게(榮) 살라고 '라영'이라는 이름을 지어주었다. 세련되고 예쁜 이름이다. 아영도 나영도 아니고 라영이라니. '라'를 발음하면서 튕기는 혓바닥의 느낌도 특별하지 않은가.

언니는 이름답게 자랐다. 무엇을 해도 특별했다. 공부해도, 그림을 그려도, 피아노를 쳐도 라영이답게 특별히 잘했다. 게다가 키도 컸다. 여자애들은 보통 중학교만 들어가도 성장이 멈춘다는데, 언니는 여름 장맛비를 잔뜩 먹고 자란 식물처럼 계속 자라더니 고등학생이 되자 키가 170센티미터가 넘어버렸다. 살림 밑천다웠다.

두 해가 지나고 엄마는 둘째를 낳았다. 또 딸이었다. 기대했던 바가 있었지만 괜찮았다. 의사 선생님이 제왕절개로 출산해도 한 번의 기회는 더 남았다고 아빠와 할머니를 위로했기 때문이었다. 할머니는 둘째 언니에겐 더 예쁜 이름을 지어주었다. 빛날 희(熙)자에 비단 라(羅)자를 넣은

'희라'. 화려하고 아름다운 여성에게 맞춤인 이름이다.

 둘째 언니 역시 이름답게 자랐다. 우리 집에서 제일 예쁘고 여성스럽다. 내가 기억하는 언니의 대학 시절 모습은 무엇이든 길었다는 것이다. 손톱도 머리카락도 심지어 속눈썹까지. 구두는 굽이 7센티가 넘지 않으면 발을 끼우지도 않았다. 지금은 아이들을 키우느라 손톱은 짧아졌고 운동화를 신지만, 아직도 유치원에 간 아이를 마중 갈 때는 거울 앞에서 한참 동안 화장하고 옷을 골라 입는다.

 둘째 언니가 태어난 지 채 일 년이 되지 않은 봄, 엄마의 뱃속에 내가 여물었다. 딸을 둘이나 낳은 맏며느리인 우리 엄마와 맏아들인 우리 아빠. 그 사정을 빤히 아는 의사 선생님은 조심스럽게 아빠를 불렀다.
 "이게 마지막입니다. 네 번이나 배를 가르는 건 안 돼요. 그래서 말인데요, 내가 그쪽 집안 사정 다 아니까요. 어떻게, 검사 좀 해보시렵니까?"

 아빠는 나의 탄생 스토리를 들려줄 때마다 강조한다.

의사의 이 질문에 본인이 단 일 초의 망설임도 없이 받아쳤다는 것을.

"아뇨, 셋째가 딸이어도 운명이지요. 검사해서 딸이면 그다음에는 어쩌라는 겁니까?"

이 부분에서 내 눈을 빤히 바라본다. 나는 망설임 없이 아빠가 바라는 반응을 보여준다.

"그러니까! 아빠 없었으면 나 어쩔 뻔했어? 아빠 없었으면 내가 지금 여기 있을 수 있었겠냐고요."

내 대답을 듣고 나면 만족한 듯 가벼운 헛기침을 하며 슬쩍 미소 짓는다.

아빠의 대담한 결정으로 엄마는 무사히 임신 중반기를 넘겼다. 엄마의 배는 점점 불러왔다. 유난히 옆으로만 불러가는 배를 보면서 동네 어른들이 모두 한마디씩 거들었다고 한다. 저것은 분명히 '아들 배'라고. 엄마가 부른 배가 힘들어 뒤뚱거리면서 걸어도, 저건 분명히 '아들 가진 여자의 걸음걸이'라고 했다. 엄마도 아빠도 할머니도 뱃속의 나는 분명히 아들이라고 확신했다고 한다.

그러나 온 가족의 바람 속에 태어난 아이에게는 그들이 바라는 '바'가 없었다. 분명한 딸이었다. 그것이 바로 나다. 그들의 바람을 저버린 나의 탄생은 특히 할머니에게는 재앙과 같았다. 본인은 왜소한 몸으로 아들을 넷이나 낳았는데, 그 쉬운 일을 해내지 못한 맏며느리가 마뜩잖았으리라. 아빠는 딸도 아들하고 똑같다며 우리와 엄마를 감쌌다. 하지만 나는 내가 태어났을 때 아빠가 담벼락에 기대어 한숨과 담배 한 개비를 함께 태워 보냈다는 것을 안다.

아름답고 특별한 이름을 지어주던 할머니의 마지막 작명 시간. 바라는 것이 없이 태어나 실망이었을까. 아니면 바라는 대로 자라길 원했던 걸까. 내 이름은 세상(世)에 영화로움(榮)을 누리라는 원대하고 거창한 뜻을 지닌 '세영'이 되었다.

세영이의 유년 시절은 그다지 특별하지 않았다. 공부도 그냥저냥. 집안에서는 사고뭉치여도, 어찌 된 게 바깥에만 나가면 꿀 먹은 벙어리가 되었다. 사람들 앞에서는 부끄러움에 얼굴이 벌게지기 일쑤였다. 세상에 영화를 누리기는 커녕 교실에서 친구 한 명 사귀는 일도 버거웠다.

시험을 보고 나면 선생님은 "너 라영이 동생 맞지? 그런데 너는 왜."에서 말을 잇지 못했고, 길에서 만난 어떤 언니들은 "너 희라 동생 맞지? 희라는 엄청나게 말랐는데 너는 왜."에서 더 이상 말을 잇지 못했다.

흑역사라고도 볼 수 있을 나의 유년 시절. 무엇 하나 특별한 것 없었던 나는, 집 바깥만 나가면 어디에 있어도 원래 그 자리에 있었던 듯 존재감 없이 녹아 들어 나를 기억하는 친구들이 별로 없었다. 집에서도 나는 그저 엄마 아빠의 막내, 언니들의 동생이었다. 부모님의 기대와 바람은 언니들이 채워야 할 몫이었다. 나는 항상 깍두기였다. 가족들은 기대를 얹어 나를 바라보지 않았다.

이제 와서 돌이켜 보면, 지금의 나는 특별하지 않았던 과거의 덕을 톡톡히 보았다는 생각이 든다. 주목받지 않아 자유로울 수 있었던 시절. 마음껏 상상하고 내 멋대로 하루를 보낼 수 있었던 유년 시절 덕분에, '나'를 증명하고 '존재의 이유'를 찾아 고민하던 청소년기를 온전히 내 의지로 보낼 수 있었다. 기대 없는 가족들 덕분에 뭐든 다 도전했고, 열 개 중의 한두 개는 괜찮은 결과가 나오기도 했다. 모두를 실망 시키고 태어난 막내딸은 그렇게 질풍노도의 시기를 무사히 건너 1인분의 인간으로 거듭났다. 그 무렵 나는 제법 다져지고 깎여 둥그스름 해졌다.

 멀리서 바라보면 아주 보통의 아줌마인 나. 그런데 나는 그런 내가 마음에 든다. 조용히 스며들었다가 슬쩍 보여주는 나의 모습에 오! 하고 반가워하는 사람들을 보는 게 좋다. 자연스럽게 흘러가는 묵직한 하루에 만족한다.

 딸 이어서 죄송한 스타트였다. 하지만, 부족한 게 많았던 초반부를 지나 제법 괜찮은 중반부를 내 페이스대로 달리고 있다. 금메달을 받을 수 없을지라도, 내 이름처럼 원대하고 거창한 삶이 아닐지라도 나는 내 우주의 주인공이다.

오십견이요?
난 아직 사십 대 인데요?

아플 만큼 아프고 나면 좋아질 거야

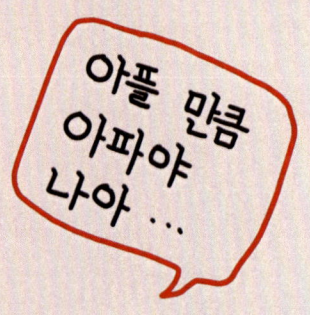

왼쪽 어깨가 심상치 않다고 느꼈다. 그동안 팔을 쭉 뻗어 찬장 위 그릇을 꺼낼 때, 도서관에서 빌린 무거운 책이 가득 든 에코백을 왼쪽 어깨에 둘러멨을 때, 잠을 자다가 돌아누울 때. 시큰함과 불편함이 느껴졌지만, 그냥 모른 척 넘겨왔다. 그런데 8년 만에 이사를 준비하면서 내 어깨가 더 이상 견디기 힘들었던 모양이다.

어느 날 아침, 옷을 갈아입으려고 왼팔을 쭉 들어 올리는 순간, 깊고 날카롭고 묵직한 통증이 커다란 바위가 떨어지듯 쿵 하고 왼쪽 어깨 위에 전해졌다. 옷은 절반만 입은 채, 그대로 화장실 앞에 주저앉아 식은땀을 흘리며 숨을 골랐다. 고통에 큰 소리도 낼 수 없었다. 조금만 움직여도 칼날이 어깨 관절을 할퀴는 느낌이 들었다. 용기를 내어 오른손을 왼쪽 어깨 위에 얹어 이리저리 문질러 보았지만, 도무지

통증의 근원이 만져지지 않았다.

잠시 그대로 멈추어 정신을 가다듬고 옷을 마저 입었다. 한 손으로 나머지 짐을 챙겨 집을 나섰다. 나의 왼팔이 있으나 없는 것과 마찬가지였다. 걸을 때마다 어깨 깊숙한 곳에서부터 전해지는 통증이 메아리처럼 온몸으로 퍼져갔다. 한의원에 도착했다.

"오십견이네요. 아픈지 얼마 안 되었다고 하셨는데, 염증이 깊고 오래되었는데요? 한참 치료받으셔야겠습니다."

의사 선생님의 말씀을 듣고 놀랐다. '오십견이라고? 나는 아직 사십 대인데? 이게 어떻게 된 거지?' 머리가 어질어질했다. 잠깐 치료하면 좋아지리라 생각했었는데, 의사 선생님의 말씀은 이건 단순한 근육통이 아니라는, 더 이상 젊음이 아니라는 선고와도 같았다. 어르신들이 자주 보는 아침 건강프로그램에서만 보던 증세가 나에게 오다니.

의사 선생님은 먼저 팔을 잡고 움직임의 반경을 파악하

기 위해 이리저리 팔을 움직여 보았다. 끝이 둥근 쇠막대기로 어깨 이곳저곳을 눌러 침놓을 자리를 찾았다. '조금 아플 거예요. 조금 많이요. 그래도 움직이지 마세요.'라고 하시곤 표시한 부위에 침을 찔러 넣었다. 이미 통증이 있던 부위는 선생님 손에 눌려 욱신대고 얼얼한데, 거기에 다시 침을 넣고 움직이다니. 아픈 데다가 아픔을 더하는 치료법이라 가혹하다는 느낌이 들 정도였다. 몸도 마음도 아파 나도 모르게 눈물이 주르륵 흘렸다. 첫 치료를 마치고 집으로 돌아오는 길. 온몸이 너덜너덜해진 기분이었다.

"오십견이래. 내가 오십견이래. 이름도 참 늙수그레하다. 이거 금방 좋아지지도 않는다는데, 나 너무 속상해."

괜히 남편에게 투정을 부렸다. 나보다 다섯 살이 많은 남편은 언젠가부터 가까운 것이 잘 보이지 않는다면서 새로 안경을 맞췄다. 그리고 러닝머신에서 예전처럼 달리면 무릎과 고관절이 아프다면서 나보고도 조심 하라고 했었다. 곧 당신에게도 다가올 변화라면서 말이다.

그렇다. 이번 오십견의 노화는 남편을 건너뛰고 내게 먼저 와버렸다. 그래서 더욱 받아들일 준비가 안 되었던 것 같다.

일주일에 세 번. 월 수 금 한의원에 갈 때마다 마음의 준비를 단단히 했다. 의사 선생님은 집요하게 아픈 부위를 찾아내어 아픈 침을 놓아주셨다. 꾹 참고 한 달 넘는 시간을 버텼지만, 큰 변화는 없었다. 한의원에 다녀온 날 저녁 샤워를 하려고 옷을 벗고 왼쪽 어깨를 거울로 보면 여기저기 생긴 바늘의 흔적과 동그랗고 빨간 부항 자국이 무시무시했다.

하루는 집에 돌아가는 길, 마음대로 움직이지 않는 어깨 때문에 운전석에 앉아 안전띠를 매려고 어깨를 돌리다가 날카로운 통증에 숨이 멎는 듯했다. 아픔과 슬픔이 넘쳐 화가 났다. 그래서 주차장에 앉아 엉엉 소리를 내 울어버렸다. 누군가에게 하소연하고 싶은 마음이 간절했다. 전화기를 들어 엄마에게 전화했다.

"엄마. 나 병원도 한 달이나 다니고, 맨날 침도 꾹 참고 맞는데 왜 낫질 않는 거야? 좀 나아지나 싶다가 방심하면 훅 하고 통증이 밀려오고. 아프다고 내 할 일 대신 할 사람도 없는데, 너무 힘들어."

징징대는 막내딸의 푸념을 들어주던 엄마는 여느 엄마들이 하는 비슷한 위로를 건넸다.
"조심해. 괜찮다고 무거운 거 나서서 들지 말고, 김 서방하고 애들이랑 나눠 들고. 아프면 엄살도 부리고 해. 엄마가 가까이 살면 가서 도와주고 할 텐데 어쩌니?"

허리가 아파서 의자에 앉았다 일어날 땐 본인도 모르게 '아구구'하고 앓는 소리를 내는, 무릎이 아파서 이제 친구들과 여행을 가도 걷는 동선은 최대한 줄이고 있다는 칠순이 넘은 우리 엄마. 그런 엄마에게 고작 어깨 하나 아픈 거로 투정을 부리는 철없는 나는 또 그런 엄마의 말 몇 마디에 울적한 기분이 좀 수그러들었다.

전화를 끊고 집으로 돌아와 저녁밥을 짓고 있는데, 엄마에게서 문자 메시지가 왔다.

"있잖아, 엄마도 오십견 때문에 힘들었잖아. 그런데 그건 정말 아픈 만큼 아파야 낫더라. 언제 낫나 평생 이런 건 아닌가 했는데, 한참 아플 것 다 아프고 나니까 좋아지더라. 그냥 그러려니 해봐."

엄마의 말이 마음에 내려앉았다. 금방 좋아질 거라느니, 네 고통에 걱정이 많이 된다느니 하는 말과는 다른 색깔의 위로였다. 먼저 아파 본 사람이 건네는 솔직한 말. 회복으로 가는 길에 시간과 인내가 필요하다는 엄마의 말이 와닿았다. 내가 경험해 봐서 다 안다는 듯한 꼰대의 충고와는 달랐다. 엄마답게 덤덤하고 포근한 마음이 느껴졌다.

나는 여전히 오십견을 앓고 있다. 어느 날은 많이 욱신거리고, 어느 날은 제법 가볍기도 하다. 하지만 이제 두렵지 않다. 나는 아플 만큼 다 아프고 나면 좋아질 것을 알기 때문이다. 사랑하는 나의 엄마가 그랬던 것처럼. 무심한 듯 보통의 하루를 보낸다.

내 이름은 차학용,
우리 오빠도 차학용

오빠 이름으로 살다 간 할머니의 일생

내 기억 속 우리 엄마의 엄마, 그러니까 나의 할머니는 무채색으로 남아있다. 머릿속에서 상상으로 만들어낸 이미지가 그렇다는 것이 아니다. 할머니는 정말로 무채색이었다. 딱딱하게 마른 몸에 거친 무명 저고리를 입었다. 얼굴은 조약돌처럼 작고 회색 머리카락은 찰싹 달라붙어 양감 없이 하나같았다. 이처럼 숱 없는 머리카락을 한 올도 놓치지 않고 한데 묶어 쪽을 지었다. 그리고 가운데에 오래되어 이곳저곳이 움푹 팬 은비녀를 하나 꽂았다.

생기라고는 없는 무채색의 얼굴, 색 없는 할머니의 입술이 이를 드러내고 활짝 웃었던 기억도 없다. 나의 할머니는 그랬다. "세영아."하고 나를 불러준 적이 있었던가. 아무리 떠올려 봐도 기억나지 않는다. 할머니가 돌아가시고 얼마 지나지 않은 어느 날, 꿈속에서 할머니를 만난 적이 있다.

어스름한 강 건너 나를 바라보던 할머니는 꿈속에서조차 내가 외치는 "할머니!"하는 인사에도 그저 입을 다물고 미소만 지으며 손을 저었다.

우리 엄마도 할머니를 닮아 말수가 별로 없었다. 딸들을 앉혀놓고 도란도란 수다를 떠는 편이 아니었다. 사는데 바쁘기도 했거니와 엄마는 원체 희로애락을 내색하는 편이 아니었다. 나도 내 삶이 재미나서 엄마의 세상이 별로 궁금하지 않았다. 곰살맞지 않은 딸이었다.

나이가 들고 결혼하고 아이를 낳고서 비로소 우리는 서로가 궁금하고 안쓰러운 사이가 되었다. 이제는 오랜만에 친정에 가면 한 방에 이불을 깔고 누워 아이들을 재우고, 새벽이 될 때까지 수다를 떨기도 한다. 엄마의 마음속에 이토록 많은 이야기가 찰랑대고 있었다는 것이 신기할 정도이다.

엄마의 젊음과 연애가 나아가 엄마의 시집살이까지 시시콜콜하게 궁금하던 나는, 나이 마흔이 넘어서야 엄마의 엄마 이름이 '차학용'이라는 것을 알게 되었다. 그리고 무채색 나의 할머니가 궁금해졌다.

할머니는 우리나라가 두 덩이로 나뉘기 전 평안도에서 자랐다. 오빠가 한 명 있었는데 공부를 잘해서 의사가 되어 의원을 차렸다. 오빠처럼 학교에 가고 싶어 했지만 그러지 못한 할머니는 집 마당에 널빤지를 펼쳐놓고 오빠에게 한글을 배우고 셈을 배웠다고 한다. 그러다 혼기가 차자 인근 저수지 관리직을 하던 박 씨에게 시집을 갔다.

박씨는 일찍 아버지를 여의고 마음 좋은 어머니와 줄곧 공부만 하는 형을 두고 있었다. 시집간 이후로 할머니는 장사를 해서 살림을 꾸렸다고 했다. 자식 넷에 시어머니 그리고 농사를 짓지 않고 공부만 하는 형까지 챙기기엔 남편의 수입이 넉넉지 않았기 때문이다. 할머니는 한글을 알고 셈이 빨라 장사를 해도 손해를 보는 일이 없었다.

공부하던 박씨의 형은 선생님이 되었는데, 얼마 지나지 않아 다시 해외로 떠났다. 만주를 거쳐 상하이로 떠났던 박씨의 형은, 후에 독립운동을 했다는 연유로 4년 동안 옥고를 치렀다. 박씨는 제 어머니를 닮아 마음씨가 좋았다. 그래서인지 자꾸만 보증을 서고 쓰지도 않은 돈에 빚을 지었다. 시어머니는 늙어갔고 자식들은 쉼 없이 자라났다. 할머니 어깨의 짐은 더욱 무거워졌다.

그사이 우리나라는 일본에서 벗어나 광복을 맞이했다. 할머니의 삶은 똑같았다. 초등학생만 한 작은 몸은 쉴 새 없이 살림하고 장사를 하며 자식을 먹이고 남편과 함께 가족을 짊어졌다.

어느 날 서울 을지로에 자리를 잡은 박씨 형에게서 기별이 왔다. 세상 돌아가는 게 심상치 않으니 어서 서울로 오라는 연락이었다. 그날 밤 박씨 가족은 숨죽이며 배를 타고 서울로 내려왔다. 얼마 동안 군식구 여섯은 형네 집에서 신세를 졌다. 신세를 지는 마당에 그네들 집안일을 모른 척할 수 없었다. 시어머니에 두 식구의 살림까지 일이 배가 되었다.

세상은 다시 뒤집어졌다. 이번에는 우리나라가 두 편으로 나뉘어 전쟁을 일으킨 것이다. 말 없는 할머니도 당시의 이야기는 엄마에게 조금 남겼다.

"아침에 눈을 뜨면 청계천에 수북이 쌓여있는 숨이 멎은 사람들이 보였어. 매일 사라지지도 않는 그 슬픔을 보며 오늘 하루도 살았구나 하고 눈을 질끈 감았어."

할머니는 그저 자식들이 굶지 않게 했다. 내 가족이 굶지 않고 죽지 않고 함께 있는 것이 단 하나의 바람이었다고 한다. 서울에 얼마간 머무르다가 다시 부산으로 피란을 떠났다. 이번에는 큰형님 가족까지 함께였다. 피란길에 사람들이 너무나 많아 기차 지붕 위에 올라탔다.

굴다리를 지날 때였다. 기차가 덜컹거리는 바람에 지붕 위에 몸을 실었던 사람들이 우르르 아래로 떨어졌다. 그만 박씨의 둘째 딸도 그들과 함께 떨어져 버렸다. 다음 정거장에서 기차가 멈추자, 박씨는 헐레벌떡 철길을 따라 달렸다. 그곳에는 피를 흘리며 나뒹구는 사람들이 가득했다. 컴컴

한 굴다리 밑에 두 팔다리가 멀쩡한 채로 아빠를 찾으며 우는 딸아이를 들쳐 안았다. 기적이었다. 그리고 다시 부산으로 향했다.

부산에서도 할머니는 자식들을 굶기지 않기 위해 뭐든 했다. 부산 국제시장에서 미제품을 파는 노점도 하고 찐빵을 팔기도 했다. 그렇게 부지런히 살아내었다. 할머니는 피란 생활 통에 막내딸 명순이를 낳았다. 우리 엄마 박명순 씨가 박씨 집안에서 유일하게 부산 출신인 이유다.

전쟁은 멈추었다. 끝이 아니었기에 우리나라는 두 덩이로 갈라졌다. 이제는 그 누구도 고향이 저기 있다고 올라갈 수도, 내려갈 수도 없는 처지가 되었다. 고향이 함평도인 박씨 가족은 그곳으로 돌아가지 못하고 부산에서 다시 서울에 올라와 자리를 잡았다.

할머니는 여생을 큰아들과 함께했다. 나이가 들어 진짜 할머니가 된 후에도 한강 변에서 물쑥을 캐다가 다듬어 장에 내다 팔았다. 그렇게 모은 푼돈은 손주들 주머니로 들어가 짤랑댔다. 더욱 나이가 들어 몸의 절반이 마음대로 움직이지 않던 때에도 한 손으로 당신 속곳을 빨아 입었다고 했다. 할머니는 온몸과 마음을 다해 바쁜 삶을 살았다.

와병 중이었던 할머니의 방에 가족들이 모인 적이 있다. 이런저런 이야기를 나누다가 새로운 화두가 올라왔다. 바로 할머니의 이름에 관한 것이었다.

"우리 엄마, 이름 참 특이하지? 여자 이름이 학용이가 뭐야, 학용이가?"
"그래 맞아, 무슨 남자이름 같기도 하고."
그때 누워있던 할머니가 조용히 눈을 뜨고 낮은 목소리로 말씀하셨다.
"그거, 내 이름 아니다. 우리 오빠 이름이다."

모여있던 가족들은 깜짝 놀랐다. 처음 들어보는 이야기였다. 할머니는 말을 이어갔다.
"우리처럼 북한에서 피란 온 사람들은 휴전하고 호적을 다시 만들어야 했지. 내가 우리 오빠 이름 잊어버릴까 봐 오빠 이름으로 호적을 만든 거다. 차학용 그거 우리 오빠 이름이다."

 얼마 후 할머니는 저물어 우리의 하늘이 되었다. 가족들은 미처 원래 이름을 묻지 못했다고 한다. 우리는 모두 할머니의 진짜 이름을 알지 못한다. 할머니의 원래 이름은 멀리 북쪽 평안도에 남아있다.

 할머니의 바람대로 자식들은 굶지도 죽지도 않았다. 모두 살아남아 어른이 되었다. 텔레비전에서 이산가족 상봉 프로그램을 보면 안도하며 말씀하셨다. '내 자식들은 다 살았다. 우리는 평생 같이 있었다.' 할머니 삶의 자부심이었다. 가방끈 긴 자식이 한 명 없어도, 다들 사는 것이 바쁜 인생이어도 괜찮았다. 왜냐하면 모두가 살아있기 때문이었다.

 나는 몰랐다. 나의 무채색 할머니 인생이 이토록 파란만장했다는 것을. 수만 가지 색깔 빛을 한데 묶어 비추면 모두 모여 흰색이 되어버리듯, 할머니의 인생도 그러했다는 것을.

빛나는 청춘과 그리운 부모와 오빠 차학용이 있는 고향 평안도. 그곳이 그립다는 말조차 꺼내지 않는 것으로 자식들의 생명을 지켜왔다. 할머니의 작은 품 안에 기대었을 많은 어른과 아이를 생각해 본다. 침묵과 무표정 속에 가득했을 그리움을 떠올려 본다.

나에게는
영원히 늙지 않는 언니가 있습니다

보드랍고 단단했던 큰 언니

"아니, 굳이 오늘 꼭 바다에 가야 한다고?"

해외 파견근무로 바삐 지내다 얻은 소중한 휴가였다. 나는 이미 계획이 다 서 있었다. 공항버스로 강남에 가서 친구들과 근사한 식사를 하고 커피를 마시면서 신나게 수다를 떨 예정이었다. 누구는 청첩장을 가지고 온다고 했고, 누구는 새 남자 친구가 생겼다고 했었다. 듣고 싶고 하고 싶은 얘기가 너무 많았다. 집에는 늦은 밤에나 들어갈 생각이었다.

그런데 약속도 없이 엄마와 아빠 그리고 둘째 언니가 공항으로 마중을 나온 것이다. 요 며칠 사이 가족들 모두 바빴는지 도통 전화도 없어서 내심 서운했었다. 게다가 다짜고짜 바닷가에 가야 한다고 하는 것이 아닌가.

"큰 언니는? 언니는 집에 혼자 두고 온 거야?"

"응, 바닷가 앞에 별장을 하나 해놨어. 거기서 쉬면 좋을 것 같아서. 그동안 다들 힘들었잖아. 지금 거기서 같이 밥 먹으려고 기다리고 있어."

큰 언니가 기다린다는데 어쩌겠나. 나는 더 말을 보태지 않고 차에 올라탔다.

1년 전쯤, 큰 언니가 갑자기 병을 얻으면서 우리 가족의 일상은 송두리째 바뀌었다. 평범하고 무탈하던 일상은 모두 사라졌다. 우리 다섯 명의 일과는 큰 언니의 치료를 중심으로 흘러갔다. 엄마와 둘째 언니는 병간호로 집에 없었고, 졸업 시즌이었던 나는 집안을 돌보며 학교에 다녔다. 아빠는 병원비 때문에 바빴다. 다행히 나의 조혈모세포가 맞아 그해 여름에는 이식 수술도 마쳤다. 휘몰아치듯 반년의 시간이 지났고 언니는 퇴원했다.

우리 가족은 평소에도 사랑한다거나 고맙다는 표현을 자주 하는 편은 아니다. 그저 자신의 자리에서 묵묵하게 할 일을 했다. 그것만으로도 우리는 서로의 고단함에 위로를 받았다. 몸을 모두 허물고 새로 다지는 과정을 견뎌 낸 언니는, 아직 건너야 할 징검다리의 한가운데 있었다. 하지만 언니는 묵묵하게 디딤돌을 건넜다. 물살이 세서 무섭다고 머뭇거리거나 주저앉지 않았다. 보드랍고 단단한 나의 언니다웠다.

 운이 좋았던 걸까. 졸업과 동시에 취업하게 된 나는 곧바로 해외 파견근무를 시작하게 되었다. 다들 축하한다고 했다. 우리 집에 좋은 기운이 들어온 것이라고도 했다. 이제 모든 일들이 잘 풀릴 것 같다고 기뻐했다. 친구들도 나를 부러워했다. 우쭐함에 한동안 구름 위를 나는 듯한 시간을 보냈던 기억이 난다.

 타국에서의 생활은 생각보다 녹록지 않았다. 내가 상상하던 전문직 여성의 삶과는 매우 달랐다. 해야 할 일도 책임질 일도 많아 버거웠다. 일과를 마치고 녹초가 되어 숙소로 돌아오면 거실 작은 테이블 앞에 쭈그려 앉았다. 노트북을 켜고 작은 모니터로 친구들과 메신저를 하거나 가족들과 짧은 통화를 하는 것이 가장 큰 위로였다. 비행기를 타면 몇 시간 만에 도착할 수 있는 한국이 매일 그리웠다.

큰 언니는 한동안 집에서 치료받으면서 몸을 추스를 거라고 했다. 다니던 대학원은 다음 해까지 휴학하겠다고 했다. 오랜만에 여유가 생겼으니 그동안 못 읽었던 책을 실컷 읽고, 일본어 공부도 더 해야겠다고 말했다. 언니는 전화로 오늘은 가족과 무얼 먹었는지, 어디로 나들이하러 갔는지 이야기해 줬다. 남자 친구와는 여전히 애틋한 사이라고 했다. 가끔 보내주는 사진 속 언니는 좋은 곳에서 밝게 웃고 있었다. 항암치료로 빠진 머리 때문에 모자를 쓰고 있었지만, 보드랍고 편안해 보였다. 다행이었다. 가족들은 예전보다 더 많은 시간을 함께 보냈다. 하지만 그곳에 나는 없었다.

바닷가로 가는 차 안에서 친구들에게 휴대전화로 메시지를 보냈다.
"얘들아, 미안해. 나 급한 일이 생겨서 오늘 못 만나겠다. 오늘은 너희들끼리 놀아. 그리고 내일 시간 괜찮은 사람들 연락해 줘! 내가 쏠게. 밥 커피 다 오케이. 진짜 미안해!"

얼마 지나지 않아 친구들에게서 답장이 왔다. 괜찮다고, 아쉽다고 하는 이야기들이었다. '나 빼고 다들 재미있겠네. 이따가 상황 봐서 나는 강남역에 좀 데려다 달라고 해야겠다.' 생각했다.

차창 밖으로 익숙한 풍경이 보이기 시작했다. 우리가 자주 가던 바닷가로 가는 길이었다. 동해만큼이나 물이 맑고 깊다고, 모래사장이 넓고, 그곳을 둘러싼 소나무가 멋지다고 해서 자주 왔다. 여름철에 오면 사람들로 북적북적한 곳인데 겨울로 들어서는 길목의 바닷가는 무척 한산했다. '조용하고 좋네. 바다 좋아하는 언니가 매일 바다는 실컷 보겠다.'

"별장은 어디에 있어? 벌써 시간이 두 시가 넘었는데, 언니 배고프겠네."
묻는데 다들 괜찮다고만 한다.
"그래도 오랜만에 바닷가 왔는데, 산책 좀 하고 들어가자. 너도 오랜만이잖아?"
나는 그럴 기분이 아니었다. 바닷가의 낭만 따위는 내게 중요한 게 아니었다.

바닷가 근처에 차를 세웠다. 나는 툴툴대려다가 차에서 내릴 채비했다. 그래도 오랜만에 만난 가족들인데 친구들을 만나기 위해 서두르는 내색은 할 수 없었다. 그때 둘째 언니가 내 손을 잡았다.
"이거 좀 마셔."
병에 든 우황청심환을 내 손에 쥐여주었다.

'왜지? 왜 이런 걸 먹으라고 하는 거지?' 언니의 얼굴을 봤다. 금방이라도 울 것 같은 표정이었다. 아니 눈물을 다 쏟아내 메마른 얼굴에 슬픔이 잔뜩 묻어있었다. 갑자기 차 안의 공기가 바뀌어 버렸다. 눈앞이 흐릿해지는 기분이었다. 내 온몸에 차가운 겨울 바다의 파도가 휘몰아치는 듯 어지러웠다.

'왜 나는 아무것도 몰랐을까. 왜 아무것도 눈치채지 못했을까. 모든 게 다 이상했는데, 왜 나는 궁금해하지도 않았을까.'

다음 순간부터 무슨 일이 있었는지 잘 기억나지 않는다. 그저 바람이 차가웠다. 거센 바닷바람에 모래가 날아와 볼을 따갑게 했다. 모래사장에 발이 묻혀서 걸음이 엉키고 걷다가 몇 번 넘어졌다. 아주 크게 언니를 불렀다. 엄마도 나처럼 언니 이름을 크게 부르며 울부짖었다. 아빠는 멀찍이 등을 돌리고 서 있었다. 둘째 언니는 그냥 계속 나를 잡고 버텼다. 그날의 기억은 자욱한 안개가 낀 듯, 뚝 뚝 끊어지는 오래된 필름 영화처럼 희미하게 남아있다.

처음에는 화가 났다. 누군가는 나에게 연락해야 했다. 아픔 한 가운데 나는 함께해야만 했다. 다음에는 미안하고 미안했다. 공항에서 웃으면서 손을 흔들던 가족의 얼굴을 자세히 살폈다면 어땠을까. 며칠 잠도 못 자고 수척해진 아빠와 퉁퉁 부어버린 엄마의 안경 너머 얼굴을 알아챘다면, 유난히 조용했던 둘째 언니에게 무슨 일이 있는 것이냐고 물어보았다면 좋았을 텐데. 며칠 동안 전화도 잘 안되던 가족을 걱정해야 했는데 오히려 섭섭해했었다. 내가 수치스럽고 미웠다.

처음부터 나에게 말하지 않을 작정은 아니었다고 했다. 언니가 갑자기 입원해야 했을 때만 해도, 금방 다시 좋아질 거로 생각했단다. 타지에서 휴가만 손꼽아 기다리고 있는 막내에게 이런 이야기는 전해줄 필요가 없다고 믿었다고 한다. 긴박하게 돌아가는 치료에 내게서 오는 전화를 받을 틈도 없었다고 했다. 단 며칠 만에 이렇게 될 줄은 아무도 몰랐다고, 어쩔 수 없이 언니와 내가 이렇게 작별하게 된 것이라고 했다.

감정이 뒤엉켜 버렸다. 슬픔의 깊이도 가늠이 되지 않았다. 나의 언니를 어떻게 애도해야 하면 좋을지조차 몰랐다. 언니가 건너다 무너져버린 징검다리에 홀로 서 있었다. 나는 어찌할 바를 모른 채 두 발이 젖어가는 꼬마였다. 하지만 이런 마음은 일단 한편에 두어야 했다. 엄마와 아빠는 소중한 딸을 잃었고, 둘째 언니는 큰 언니의 마지막을 함께했다. 그 고통을 나누어 줄 사람은 나라고 생각했다. 그게 나의 몫이었다.

상실에 적응하는데 보통 1년의 세월이 필요하다고 한다.

우리 가족이 일상으로 돌아간 것도 그즈음이 아닌가 싶다. 하지만 아빠는 지금도 큰 언니 이야기를 잘하지 않는다. 엄마는 인생 절반을 살아온 동네를 떠나 새로운 곳으로 이사를 가고 싶어 한다. 언니를 기억하는 사람들의 인사가 아프다고 했다. 둘째 언니는 그즈음의 기억은 통째로 드러낸 것처럼 머릿속에서 사라졌단다. 마지막을 함께 하면서 느꼈던 아픔이 언니의 기억을 모두 집어삼켰나 보다.

  나는 다른 방식으로 상실의 아픔을 느낀다. 처절하지 않은 이별은 미련을 남기기 마련이라 했던가. 지금도 나는 언니와 작별하지 못하고 있다. 언니가 태어난 7월, 청명한 여름을 닮은 하늘 아래 어딘가에서 하루를 보내고 있을 것 같다. 보드랍고 동그란 얼굴로 창가에 앉아 좋아하는 책을 실컷 읽으며 나른한 기지개를 켤 것만 같다. 가느다란 손가락으로 피아노도 치고 노트에 그림도 그리겠지. 그곳에서 만난 사람들에게도 우리에게 그랬던 것처럼 화 한번 내지 않고 조용히 웃어줄 것이다. 영원히 늙지 않는 스물일곱 살의 청춘으로. 쉬지 않고 흘러가는 평범한 일상에서 나는 문득 언니를 떠올리며 안녕을 기원한다.

'수상한 사람'
감별 실패, 결과는요?

⋮

잘 삽니다, 사랑 고백도 받으면서요

아들이 농구한다면서 아파트에 있는 체육관으로 갔다. 딱 삼십 분만 있다가 온다던 아이가 한 시간이 넘어도 돌아오지 않는다. 걱정스러운 마음이 스멀스멀 올라왔다. 밥솥의 취사 버튼을 누르고 젖은 손을 엉덩이에 쓱 문지르며 슬리퍼를 신고 현관문을 열었다. 막 도착한 듯한 아이가 문 앞에 서 있었다. 땀에 젖은 아이의 얼굴이 영 개운해 보이지 않는다. 평소였다면 열이 올라 후끈한 몸에 여한이 없는 말간 얼굴을 하고 있었을 것이다.

"어, 왔네? 너 오늘 좀 늦었어."
"응, 누구랑 같이하느라."
"누구? 혼자 간 거 아니야?"

아이는 신발을 벗고 집으로 들어왔다. 손을 씻고 농구공

주머니를 문고리에 걸고 소파에 앉으며 계속 말을 이어갔다.

"오늘따라 아무도 없더라고. 혼자 공 튕기고 있는데 아저씨 한 명이 오더라. 그냥 신경 안 쓰고 나 할 것 하고 있는데, 그 아저씨가 말을 걸었어. 나보고 잘한대. 그리고 동작 몇 개 알려주더니, 금방 배운다는 거야. 공부도 잘할 것 같대. '맞지? 너 공부 잘하지? 한번 가르쳐 줬는데, 이렇게 잘하는 애는 처음 봤다' 그러더니 몇 학년이냐고 묻더라. 자기는 우리 아파트 103동 108호(실주소 아님) 에서 영어학원 한대. 가끔 시간 맞으면 일대일 농구나 하자면서 연락처를 묻더라고. 내가 좀 그래서 가만히 있었더니, 자기 이상한 사람 아니래. 그러면서 먼저 자기 연락처를 주더라. 그래서, 엄마 있잖아, 내가 내 전화번호를 알려줬거든."

여기까지 말하고는 내 얼굴을 바라본다.

"잘했네."

아무렇지도 않게 말하는 나를 보더니 아이의 눈이 동그래졌다.

"잘했다고? 나 찜찜한데. 사이비 종교 같은 거면 어떻게 해? 다음부터 우리 학원와라. 그러면?"

"에이 설마. 너랑 같이 농구 하고 싶었나 보지. 엄마가 다음에 연락이 오면 같이 가서 봐줄게. 이상한 사람인가 아닌가."

아이는 여전히 찜찜한 표정으로 고개를 갸웃거린다.

"아유, 쓸데없는 걱정이다. 아파트에 있는 체육관인데 뭐 이상한 사람이겠어? 걱정하지 마. 얼른 씻고 밥 먹자. 오늘 너 숙제 많다며."

남아있는 걱정을 털어내듯 등을 툭툭 쓸어주고 화장실로 밀어 넣었다. 마저 저녁 준비를 하고 퇴근한 남편과 함께 식사했다. 평소와 같은 하루를 보냈다.

잠옷으로 갈아입고 침대에 누웠다. 잠들기 전, 남편과 이런저런 이야기를 나누다가 문득 오늘 있었던 아이의 일이 생각났다.

"있잖아요, 오늘 무슨 일이 있었냐면." 오늘 있었던 작은 소동을 전해주었다. 소심하고 걱정이 많은 아이가 염려된다는 말을 덧붙였다.

"이상한 사람이네요. 수상한 사람이야."

보고 있던 핸드폰을 침대 옆 협탁에 내려놓으며 말했다.

"응? 그래요? 나는 그런 사람 아닐 거라고 괜찮을 거라고 그랬는데."

"충분히 수상쩍은데."

"아, 그런 건가. 어떡하지, 나는 다 괜찮다고만 그랬는데."

"내가 내일 다시 얘기 해줄게요. 너무 걱정하지 말고 그만 잡시다."

다음 날 아침, 식사를 하다가 남편은 아이에게 말했다.

"참, 어제 말이야. 농구장에서 전화번호 물어봤다는 그 사람."

"네."

"아빠는 좀 수상한 것 같네. 일단 처음 만났는데 과한 칭찬을 하는 사람은 경계해야 해."

"그렇죠? 그런 거죠? 나는 너무 이상한 것 같아서 엄마한테 말했는데, 엄마가 자꾸만 아니라고. 괜찮다고 하니까요."

"미성년자한테 연락처를 물어보는 것도 잘못한 거고."

"그러니까요. 아이참, 엄마. 내가 이상하다고 했잖아."

내 머릿속에 있던 농구를 좋아하고 아낌없는 칭찬을 할 줄 아는 한 아저씨의 형체가 점점 일그러져 엉망이 되는 느낌이 들었다. 남편과 아이의 대화를 들으며 어제 사건을 재구성해 보니 역시나 뭔가 불편한 상황이었던 것이 분명한데. 나는 어째서 '괜찮다', '좋다'는 생각만 했을까. 머쓱했다. 돌이켜 보면 나는 과거에도 종종 그랬다.

대학 시절 학교 측의 실수로 심리학과 박사 연구생으로 속인 변태 성욕자에게 우리 과 여학생들의 연락처가 넘어간 적이 있다. 당시 그는 대략 서른 명이 넘는 학생들에게 전화를 걸었다고 한다. 그때, 그 자와 삼십 분 넘게 성실히 통화를 했던 유일한 사람이 나였다. 나는 그의 괴랄한 질문에 한 치의 의심 없이 성실하게 대답하고, 심지어 대면 인터뷰 약속까지 했었다. 나의 솔직한 답변에 감사를 표한다면서, 더욱 구체적인 자료를 수집하기 위해서는 인터뷰가 필요하다는 그자의 말에 그러자고 했다. 약속 시간과 장소를 정하고 전화를 끊자마자 다시 전화가 걸려 왔다. 조교실이었다. 서로 전후 사정을 나누고 나서 조교는 나에게 말했다. "아니, 어떻게 그걸 믿어요?"

홀로 떠났던 그리스 여행에서도 그랬다. 아테네 산티그마 광장 카페에 앉아서 책을 읽던 나에게 다가왔던 남성. 자신을 전통 악기 부주키 연주자라고 소개하며 그리스의 멋진 야경을 보여주고 싶다고 했다. 나 홀로 여행객에게 자국의 아름다움을 보여주고 싶어 하는 선량한 시민을 따라 나섰다. 그를 따라 아테네 좁은 골목을 구경하고, 현지인들만 안다는 어떤 언덕을 한참 올라 베이지색 아크로폴리스가 붉게 물들어 가는 모습을 근사한 부주키 연주와 함께 감상했다. 저녁이 되어 숙소로 돌아오는 길, 그는 친절하게도 그리스 전통주인 우조 칵테일도 한 잔 권해 함께 마셨다.

숙소 앞까지 나를 데려다준 고마운 그리스 남자는 작별 인사를 하는 나에게 물었다. "사랑의 밤"을 보낼 준비가 되었냐고. 뭘 잘 몰랐던 나는 그 말을 이해하지 못했다. 그에게 잠시 기다리라고 하고는 얼른 숙소로 뛰어 올라갔다. 한국에서 미리 준비해 간 열쇠고리와 이메일 주소를 적은 작은 메모를 그의 손에 쥐여주며 말했다. "Thank you for your kindness.". 열쇠고리를 받고 흔들리던 동공, 그는 머뭇거리며 자리를 뜨지 못했다. 나는 그를 그렇게 두고 해맑게 손을 흔들며 숙소로 들어가 개운하게 잠 들었고, 그는 나에게 이메일을 보내지 않았다. 그의 의도가 무엇인지 알게 된 것은 시간이 한참 흐른 뒤였다.

언니와 형부와 함께 맥주를 마시던 어느 날, 우습고 실없는 농담을 안주 삼다가 나의 이야기를 늘어놓았다. 형부와 언니는 내 이야기를 듣다가 웃다가 "정말? 설마!"하는 추임새를 넣었다. 형부는 한 손으로 맨얼굴을 벅벅 비비며 말했다.

"처제야, 처제는 전생에 덕을 엄청나게 쌓은 거야. 아니면 설명이 안 돼. 이 험한 세상을 어쩌려고 다 믿고 살았어. 큰 사고도 없이 지금까지 말이야. 자매인데 어쩜 언니랑 이렇게 다르냐, 언니는 세상이 온통 함정투성이라는 사람인데."

"그렇다고 했잖아. 쟤는 맨날 내가 '이상하다, 수상하다' 그러면 아니래. 다 괜찮은 사람이래."

웃다가 씁쓸해졌다. 나만 모르고 지나간 험한 세상의 위기가, 나를 스쳐 간 수상한 누군가가 있었을지도 모른다고 생각했다.

 아침을 다 먹고, 등굣길에 나선 아들과 남편을 배웅하려고 엘리베이터 앞에 섰다. 아들은 운동화에 발을 넣으려고 바닥에 운동화 앞코를 찍으며 말했다.
 "엄마, 앞으로는 더 조심하란 말이야. 그렇게 의심도 안 하고 아무나 믿어버리면 어떻게 해?" 미간도 살짝 좁혀가며 제법 어른 흉내를 내는 녀석이 얄미웠다. 나는 입을 삐죽 내밀었다. 변명거리도 떠오르지 않았다. 내가, 이 나이에 중학생 아들한테 아침부터 잔소리를 듣다니. 주눅 들일이었다. 남편은 내 표정을 슬쩍 살피고는 괜히 옷을 툭툭 털면서 나직하게 말했다.

 "그러니까 나랑 결혼 했지. 따지고 의심 많은 사람이었으면 엄마가 아빠랑 결혼해 줬겠어?" 아들의 잔소리가 멈췄다. 나는 내밀었던 입을 집어넣고 남편을 바라보았다. 다시 말을 나눌 새도 없이 두 사람은 도착한 엘리베이터를 탔다. 평소였다면 곧장 집으로 들어갔겠지만, 오늘은 사람들로 가득한 엘리베이터 문이 다 닫힐 때까지 계속 손을 흔들었다.

 현관에 남아있는 신발을 가지런히 정리하고 식탁 앞에 앉았다. 남편이 던지고 간 한 마디가 머리 위에 나선을 그리고 있었다.
 "그러니까 나랑 결혼 했지. 그러니까 나랑 결혼 했지. 그러니까……."
 보는 사람도 없는데 자꾸만 올라가는 광대를 눌러 진정시켰다. 고백이라도 받은 사람처럼 가슴이 몽글몽글했다. 이 사람 하나 내 편이라면 앞으로도 나는 아무나 믿어버려도 무사하지 않을까. 마음대로 생각해 버렸다.

남편의 '일탈', 응원하는 아내입니다

:

머지않아 함께 떠날 남편에게

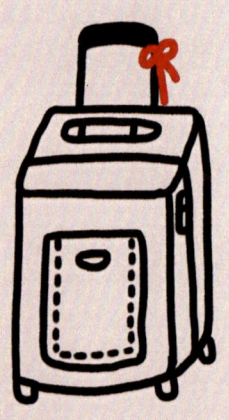

잠깐 틈이 나거나 며칠의 여유가 생기는 날이면 남편은 자꾸만 컴퓨터 앞에 앉아 여행 사이트를 기웃거린다. 그러다가 괜히 기지개를 켜면서 나에게 온다.

"이번에 말이지, 어디로 가는 비행기가 아주 저렴하게 나온 것 같은데요."

"아니, 큰애 시험이 곧인데요. 아마 가자고 해도 싫다고 할걸요"

"아 그런가. 그럼, 둘째는 시간이 좀 되려나?"

나의 배우자는 여행을 참말로 좋아한다. 꽤 좋아한다거나 정말 좋아한다는 말로도 부족하다. 처음 전화를 걸어왔던 서른 살의 그는 학기를 마치고 여행 중이었다. 내가 대학 시절 가 보았던 중국 고대 왕조 수도인 뤄양의 거대한 유적지 앞이라고 했다. 반가운 마음에 웃음이 났다. 나는 그때 회사에서 바삐 업무를 보는 중이었다. 키보드 두드리는 소리만 가득한 가운데 수화기 너머 그의 모습을 상상했다. 찰나에 웅장한 석조 불상을 바라보며 나에게 인사를 건네는 그 앞에 서 있었다. 같은 곳을 거닐어 본 적 있다는 유대감이 우리의 첫인사를 부드럽게 만들었다. 여행을 마치고 돌아오면 당시 우리가 살고 있던 상하이에서 만나기로 약속하고 전화를 끊었다.

'방학이라서 여행을 간 것이구나, 학생은 방학이 있어 긴 여행도 할 수 있고 참 좋구나' 생각했다. 나중에 알고 보니 그에게 여행은 그런 이벤트가 아니었다. 어떤 순간에도 가장 먼저 고르는 선택지이자, 시간을 만들어서도 누리고 픈 소중한 일탈이었다. 이 사람을 만나기 전 나에게 여행은 힘든 일상을 보낸 나에게 보내는 근사한 선물 같은 것이었다. 좋은 숙소를 찾아간다거나, 쉬이 가지 못하는 멀고 화려한 곳으로 가서 눈부신 풍경을 눈에 담고 사진에 담아 개인 SNS에 남기는 것. 여행은 휴가 또는 사치와 닿아있었다. 그의 여행과는 의미부터 달랐다.

우리는 만남을 시작한 후로 여행을 즐겼다. 더 정확히 말하자면 시내에서 만나 데이트해도 먼 곳으로 훌쩍 떠나는 것과 마찬가지로 여행 같았다. 상하이에서 거주한 지 반년이 지났음에도 항상 가는 곳만 가고, 먹는 것만 먹었던 나는 그를 만나고 새로운 상하이를 만났다. 내가 알던 화려한 도시 깊숙한 곳에는 창문에 대나무 장대를 걸어 두고 빨래를 널어 햇살에 말리는 사람들과, 손수레에 솥을 걸어 두고 마른 옥수수를 달콤하게 튀겨 커다란 한 봉지에 몇백 원을 받고 파는 아저씨도 있었다. 학생들이 모여 사는 대학가에 가면 싸고 맛있는 볶음면이 훌륭했고, 역사 깊은 캠퍼스를 거니는 것만으로도 활기를 얻었다.

너른 공원을 처음 거닐었던 날도 그러했다. 날이 좋았던 가을, 그는 버스를 타고 공원으로 가자고 했다. 내가 생각하는 공원이란, 고요하고 너른 잔디밭이 있고 잔잔한 호수에 오리들이 노니는 그런 느낌이었다. 로맨틱한 가을 산책이라니, 훌륭한 데이트 코스라고 생각했다. 부푼 마음으로 버스에서 내렸다. 오랜 세월을 보냈을 것 같은 멋진 나무들이 공원 입구에 난 길 사이로 웅장했다. 이런저런 이야기를 나누며 공원으로 들어섰는데, 한낮의 가을 공원에 이렇게 많은 사람들이 모여있다는 것에 놀랐다. 머리가 하얗게 센 노인들과 그들이 돌보는 아장아장 손주들이 주를 이루었다.

  어떤 노인들은 여럿이 모여 피리를 불었다(아마도 중국 전통 악기일 텐데 그 이름과 모양은 기억나지 않음). 아마추어 수준이 아니었다. 필릴리필리리 소리가 바람을 타고 공원으로 퍼지고 그 선율에 마음이 간지러웠다. 또 어디서는 무리 지어 음악에 맞추어 율동했다. 살랑살랑 동작을 맞추어 움직이는 하얀 머리 어른들의 모습은 미안한 마음이 들 만큼 귀여웠다. 조금 걷다 보면 무예와 같은 각진 동작을 진지한 얼굴로 연마하는 한 무리의 어른들이 있었고, 다른 곳에선 작은 물병에 물을 채우고 입구에 헝겊을 묶어 붓 모양으로 만들어 그것으로 마른 바닥에 서예를 하고 있었다. 물로 쓰이는 한자가 서서히 말라가는 모습이 아쉬울 만큼 근사했다. 아이들은 제 할머니 할아버지 곁에 어울려 있었다. 모두가 생경하고 아름다운 풍경이었다.

내가 상상했던 달콤한 데이트는 아니어도 마음에 들었다. 마음에 들었다는 말로는 다 채울 수 없을 만큼 새로운 세상을 만난 느낌이었다. 다양한 색깔을 가진 사람들을 넉넉하게 품고도 여여한 공원의 풍요로움과 하얀 머리 노년의 삶이 이토록 다채롭고 생기 넘칠 수 있다는 것이 놀라웠다. 내 곁에 있는 이 사람의 먼 미래도 그들과 닮아있을 것 같다고 생각했고 나도 그의 곁에서 함께 비슷한 삶을 살아가면 좋겠다는 마음이 들었다.

　결혼 이후에도 우리의 여행은 계속되었다. 우리는 서로의 몫을 나누어 책임졌다. 그는 여행 계획을 하고 나는 짐을 쌌다. 그와 함께하는 것들은 대부분 처음이라 무엇이든 어디든 좋았기에 모두 맡기고 나는 내가 잘하는 일을 했다. 대략 일주일 치 두 명의 짐을 싸는 일은 이십 분이면 끝났다. 여행의 대부분은 보통 어딘가로 떠나 그곳의 삶에 스며들어 보는 것이었다. 젊고 건강한 남녀 한 쌍이라면 어디로 떠나든지 즐거움뿐이다. 많이 걷는 것쯤이야, 한 끼는 그냥 대충 건너뛴다고 해도 어떠한가. 낯선 곳에서 조금 불편한 잠자리여도 자고 나면 또 하루가 시작되니 괜찮지 않겠는가. 남편은 내가 신경이 쓰였는지 숙소를 정하거나 장소를 정하는데 배려했지만 불편함은 모두 같이 쌓는 추억으로 상쇄되어 사라졌다.

우리에게 아이가 생긴 후로 집에서 머무는 시간이 많아졌다. 타국에 있어 부모님의 손을 빌려 육아를 대신 할 수도 없었다. 육아로 인해 몸도 마음도 흐물흐물 해져 아무런 의욕도 없던 시절에도 남편은 나에게 자주 물었다.

"세영이 심심하지 않은가? 나 일할 동안 아이랑 어디 카페라도 가 있겠어요?"

'심심? 나의 일상은 심심이라기보다는 피곤인데. 어찌하여 나의 남편은 나의 심심함을 걱정한단 말인가.' 혼자 후딱 다녀오면 될 길에도 남편은 굳이 나와 아이를 데리고 나섰다. 커다란 유모차에 아이의 짐이 한가득인데, 그걸 다 챙겨 버스를 타고 우리를 시내 쇼핑몰에 데려다주고 일을 보고 돌아왔다. 나갈 땐 '세상 다 귀찮고 낮잠이나 흐드러지게 자고 싶다' 하다가도 그렇게 잠깐 나가 사람들 사이에 섞여 시간을 보내고 나면 다시 생기를 되찾았다.

한국으로 돌아와 셋이 넷이 된 후에도 남편은 항상 우리의 '심심함'을 염려했다. 막내 아이가 아직 기저귀도 떼지 못하고 기어다니는 걸 더 좋아하던 시절에도 남편은 자꾸만 여행을 권했다. 나는 어린이를 동반한 부모들이 즐겨 간다는, 보모에게 아이를 맡기고 부모들은 휴양을 즐긴다는 리조트 여행을 원했다. 그렇지만 그는 많이 걷고 함께 시간을 보내는, 집은 떠났으나 새로운 곳에서 일상을 보내는 부류의 여행으로 우리를 이끌었다. 무려 네 명 몫의 짐을 싸고 풀고. 익숙한 집을 벗어나 살림 비슷한 것을 한 다음, 집으로 돌아와 쌓여버린 빨래를 해치우고 가족의 끼니를 챙겨야 하는 나는 가끔은 여행은 이제 그만이라고 외치고 싶기도 했다. 그러다가도 그가, '애들 좀 심심하지 않을까' 하면 나도 모르게 짐을 싸고 여행 준비를 마쳤다. 이번엔 우리를 어디로 데려갈까 설레면서.

아이들의 식사를 따로 챙기지 않고 우리가 모두 비슷한 것을 나누어 먹을 정도가 된 후로는 짧은 거리의 아시아로 여행을 떠났다. 공항이라니. 비행기라니. 말만 들어도 설레는 일이다. 물론 과정에 크고 작은 사고가 기다리고 있었으나, 돌아보니 기억도 나지 않는 사소한 일이었다. 남편의 학위를 받기 위해 아이들을 모두 데리고 상하이로 갔던 날, 우리가 살던 작은 아파트의 구멍가게 아저씨가 우리를 기억하고는 '오 너희들 우리 아파트 8층 살던 한국인 부부! 아이가 둘이 되었네.'라고 알은체를 해 주었을 때는 눈물이 핑 돌았다. 주룩주룩 내리는 비에 우비를 사서 나누어 입고 아파트 입구에서 사진을 찍어 남겼는데, 좋은 추억이 되었다.

아이들이 조금 더 자란 후로는 대한민국 휴양림 탐방에 나섰다. 학령기 아이들과 매번 학교를 빠질 수 없으니, 남편은 새로운 여행 경로를 찾아내었다. 주말마다 국립 휴양림 사이트를 검색해 비어 있는 숙소를 찾았다. 그는 재빠른 손놀림으로 예약이 취소된 빈방을 획득했다. 우리 집에서 가까운 곳, 아주 먼 곳. 창가에 서면 바다가 보이는 곳, 밤이면 반딧불이가 노니는 곳도 가 보았다. 매주 반복되는 휴양림 탐방에 지친(?) 아이들이 '이번에도 또 가야 하나요'라며 입을 내밀어도 살살 구슬려 차에 태웠다. 같이 노래를 부르고 휴게소에 들러 맛난 간식을 사 먹고, 휴양림에 도착해 고기를 구워 먹으면 즐거웠다. 작은 방에 이불을 깔고 누워 컴퓨터 모니터만큼 작은 텔레비전을 보며 함께 뒹굴다 잠이 들면 금방 아침이 왔다. 창을 활짝 열어 시원하고 맛있는 휴양림의 아침 공기를 맞이했다.

중고생 엄마가 된 지금의 나는 여행과는 거리가 먼 삶을 살고 있다. 그렇다면 여행을 좋아하는 나의 남편은 나와 같을까. 그럴 수 없지. 여행을 참말로 좋아하는 사람인데. 매해 방학 즈음이 되면 그는 말한다.
"이번 방학은 모두 바쁘니 어디 갈 수 없겠지?"
"그렇죠, 방학이 짧기도 하고 애들도 바쁜데요."
그래 놓고 방학이 다가오면 나는 여지없이 남편의 여행 짐을 싸고 있다. 재작년에도 그랬고, 작년에도 그랬다. 올해에도 두 번의 비행기 여행 짐을 꾸렸다. 그 여행에 한두 번은 둘째 아들의 짐도 함께 꾸려 보냈다. 아직은 중학생인 아들은 요리조리 틈을 만들어 함께 비행기를 탔다. 더위도 걷는 것도 질색이라는 아들이 '여행'이라는 단어에 마음이 두둥실 뜨는 걸 보면 아빠를 닮은 거겠지.

내가 함께하지 못하는 여행에도 내 손으로 짐을 꾸리는 이유는 단 하나. 곧 돌아올 우리가 함께할 여행에 내 몫을 잊지 않기 위함이다. 머지않은 그날에는 부디 모두 함께 머나먼 곳으로 여행을 떠나 행복한 시간을 보내자는 기원이다. 화려하고 우아했던 숙소보다 창밖으로 보이던 숲과 새의 노랫소리를 기억하는 첫째 아이와, 근사했던 관광지보다 골목에 카메라를 세워두고 우스꽝스러운 모습으로 사진을 찍던 우리를 추억하는 둘째 아이를 위해서. 어쩌면 우리에게 딱 맞는 여행을 찾아 떠나는 모험을 지지하는 마음으로 나는 그의 나 홀로 여행을 응원한다. 여행지마다 정성스레 사진을 찍어 보내고, 맛있는 음식을 먹을 때마다 기록하며 우리를 떠올리는 마음을 알기 때문이다.

매번 여행 막바지에 들어서면 그는 나에게 말한다.
"역시 혼자 하는 여행은 별로예요. 음식을 먹을 때마다 이건 세영이가 좋아할 텐데 생각나고, 어디 갈 때마다 함께 왔으면 좋았을 텐데 아쉽고. 다음엔 꼭 같이 다시 와요. 어서 집에 가고 싶네."
그래 놓고 남편은 다시 나 홀로 여행을 갈 것이다. 아쉬움과 설렘이 교차하는 얼굴을 하고 새벽 공항버스를 타고서. 그래도 괜찮다. 조금만 지나면 그의 곁에 내가 있을 테니. '이게 바로 내가 당신과 먹고 싶던 그 음식이었어.' 하며 같이 웃을 테니까.

아이를 내쫓았다
외투도 핸드폰도 없이

:

무사하다면 곧 행복

"나가! 당장 나가라고!"

집안이 쩌렁쩌렁 울린다. 내 입에서 나온 외침은 벽을 치고 다시 귀로 들어와 손끝까지 찌릿하게 만든다. 뜨겁게 터지는 용암처럼 뛰는 심장이 명치 언저리에 느껴진다. 그런데도 아들은 꿈쩍하지 않고 소파에 앉아 버티고 있다.

이번엔 그냥 넘어갈 수 없다. 갱년기와 사춘기의 갈등이라 치부하려 해도 아들은 지나쳤다. 무엇이 발단이었는지 기억도 나지 않는 사소한 일이었다. 여느 때처럼 단답과 냉소적인 눈빛으로 대처하던 아들은 이내 등을 돌렸다. 녀석이 나직이 뱉어버린 짧은 육두문자를 내가 들어버렸다.

그 한마디는 간신히 붙잡고 있던 인내심의 끈을 놓아버

리게 했다. 머릿속이 하얘졌다. 이건 그냥 넘어가서는 안 되는 일이다. 그냥 대충 뭉개버렸다가 녀석은 아무 데서나 육두문자를 내갈기는 형편없는 사람으로 자라게 될지도 모른다. 그래서 아이의 등을 떠밀어 내쫓았다. 외투며 핸드폰도 챙길 틈을 주지 않았다.

 떠밀린 아이가 현관 앞에서 나를 바라보았다. 나는 마음이 약해질까 봐 일부러 쳐다보지 않고 현관문을 닫아버렸다. 혼자 남은 집안은 아무 일도 없었던 것처럼 평온해졌다. 소파에 앉아 멍하니 둘러보았다. 아들이 앉았던 자리는 아직 온기가 남아 따뜻했다. 고요한 집 안에는 날을 세워 내질렀던 나의 목소리가 메아리처럼 맴돌고 있었다. 속이 싸르르 따끔거렸다. 눈을 감고 큰 숨을 몇 번 돌리고 난 후, 소파에 앉아 있던 아들의 모습을 떠올렸다.

 입에서 튀어나온 그 말에 놀란 눈치였다. 주워 담지도 못하고, 그렇다고 갑자기 사과를 하기도 뭣한 상황에 눈빛이 흔들렸다. 고개를 푹 숙이고 나를 쳐다보지도 못했다. 어떻게라도 해결하고 싶어 머뭇거렸다. 나는 다 알면서 녀석을 떠밀었다. 힘주어 두 발로 버텼다면 꿈쩍하지 않았을 녀석은 쉽게 집 밖으로 떠밀렸다.

'지금이라도 나가서 데리고 들어와야 하나?' 잠시 고민했다. '아니야, 내가 무르게 행동했다가는 더 만만하게 볼지도 몰라.' 생각하며 마음을 다잡았다.

더디게 가던 시간은 어느새 세 시간이 훌쩍 지났다. 이쯤이면 아들이 쭈뼛거리면서 현관문을 열고 집으로 돌아올 줄 알았다. 하지만 밖에서는 인기척이 조금도 느껴지지 않았다. 마음이 초조해지기 시작했다.

'외투 없이 나가서 추울 텐데 감기에 걸리는 건 아닐까, 가출해 버리면 어쩌지. 내쫓지 말걸, 그냥 야단치고 말 걸 그랬어. 딱 한 번만 참았으면 되었을 텐데. 사춘기에 키도 덩치도 어른만 한 아이가 엄마에게 떠밀려 쫓겨났으니 얼마나 자존심이 상했을까.'

자꾸만 걱정이 꼬리에 꼬리를 물었다. 안 좋은 일이 일어

날 것이라는데 까지 생각이 미쳤다. 엄마의 위엄 따위 까짓거. 아무것도 아닌 것처럼 느껴졌다. 나는 급히 전화를 걸었다. 하지만 아들의 핸드폰은 소파 위에서 윙윙거렸다. 내 탓이었다. 망설일 시간이 없었다. 녀석을 찾아 집 밖으로 나섰다.

따뜻한 햇살이 무색하게 제법 싸늘한 바람이 맨살에 닿았다. 집 앞 놀이터에는 꼬마 아이들의 웃음소리가 가득했다. 몇 년 전까지만 해도 저렇게 뛰어놀던 아이였다. 구름사다리 꼭대기에 오르면 엄마를 외치며 두 손을 흔들던 모습이 떠올랐다. 자꾸만 웃는 아이들의 모습에서 내 아이의 얼굴이 겹쳐 보였다.

그곳에 아들은 없었다. 이제 어른만큼 자랐기에 꼬마들 속에 섞여 있었다면 한눈에 띄었을 거다. 서둘러 아파트 구석에 있는 벤치들을 하나씩 살폈지만, 그곳에서도 보이지 않았다. 녀석을 닮은 사람의 흔적조차 없었다.

"아, 제발."

나도 모르게 혼잣말이 나왔다. 자꾸만 발걸음은 빨라지고 마음은 초조해졌다.

  한참을 걸어 아파트 단지 위쪽에 다다랐을 무렵, 하하하 커다랗고 우렁찬 웃음소리가 들렸다. 웃음소리가 들리는 쪽으로 고개를 돌렸다. 얼핏 보아도 아들이었다. 녀석은 친구들과 놀고 있었다.

  멀찍이 서서 노는 모습을 바라보았다. 이제 제법 목소리도 굵어지고, 어른 비슷하게 자란 녀석들인데 공놀이하는 모습은 영락없이 꼬마들 같았다. 이리 뛰고 저리 뛰다가 서로 쳐다보고 웃었다. 그러다가 누군가 공을 잡으면 와 하며 공을 쫓았다.

  그 모습을 몰래 지켜보다가 알은체하지 않고 그냥 돌아섰다. 초조하던 발걸음이 가벼워졌다. 차갑게만 느껴지던 바람이 그저 상쾌하기만 했다. '그럼 그렇지. 그럴 줄 알았어. 그럴 애가 아니지. 그럼.' 자꾸만 입꼬리가 올라갔다.

집으로 돌아와 저녁밥을 짓고 있을 때, 삐비빅 현관문 비밀번호 누르는 소리가 들렸다. 아들이었다. 녀석은 두 손, 두 발을 모으고 고개를 푹 숙이고 현관 앞에 섰다. 미안함과 공손함이 가득한 자세인데, 머리와 티셔츠는 땀으로 푹 젖어있었다. 누가 보아도 신나게 놀고 온 모양새다. 나도 모르게 웃음이 났다. 터지는 웃음을 꾹 누르고 건조하게 말했다.

"친구들하고 잘 놀고 왔어?"
"……."
"씻고 나와, 밥 먹자. 아빠 곧 오실 거야."
"응."

아들은 샤워하러 가다가 말고 도마질하는 내 등에 가볍게 기댔다. 자기가 가장 좋아하는 제육볶음과 콩나물무침을 보았기 때문일 것이다. 시큼털털한 사춘기 냄새가 났지만 싫지 않았다. 몇 마디 잔소리하려다가 입을 닫았다. 그리고 돌아서서 등을 두어 번 쓸어주었다. 하고 싶은 잔소리는 눈에 담아 아이를 바라보는 것으로 말아버렸다.

화장실에서 쌰 하는 물소리가 났다. 귀 기울여보니 낮게 콧노래 소리도 함께 들려왔다. 그 소리에 묵은 나의 감정도 씻겨 내려가는 기분이 들었다. '뜨끈한 물에 속상한 마음을 몽땅 흘려보내면 좋겠다. 날카롭던 내 목소리는 모두 비워내고 은은한 물소리만 남기면 좋겠다.'. 아이의 밥그릇에 갓 지은 쌀밥을 가득 담으며 되뇌었다.

유난히 소복한 밥그릇에 엄마의 미안함이 담겨있다는 것을 너는 알고 있을까. 아니다. 그런 건 몰라도 괜찮다. 그저 별다를 것 없이 무사하게 지나간 오늘 하루면 다행이라고 생각했다.

좋아해서
같이 뒹굴고 뛰놀았어요

········

딸아이에게 들려주는 털복숭이 친구 이야기

"이번에도 실패야."

 3월이 시작된 어느 날, 딸아이가 학교에서 돌아와 간식을 먹다가 흘리듯 말했다. 주어도 빠져있는 짧은 한마디, 아무렇지 않은 척 던져놓은 아이의 말이 무겁다. 아무래도 학년이 올라갈수록 단짝 만드는 일이 쉽지 않은 눈치다. 내가 우리 딸 만했던 시절, 새 학년이 시작될 때마다 새로운 친구들을 사귀는 일은 미션과도 같았다. 웃으면서 인사 한마디 건네는 게 뭐 그리 어려웠는지. "안녕?"이 한마디를 하지 못해 입술을 달싹이다가 결국 다시 꿀꺽 삼키곤 했다.

 하필이면 우리 딸이 그걸 닮아 버렸다. 하지만 내가 다 겪어 본 일이라면서 괜찮다고 위로하며 함부로 아는 체를 해서는 안 된다. 그랬다가는 "엄마는 알지도 못하면서."로 시작하는 핀잔을 듣게 될 것이다. 말없이 옆에 있는 아이 등을 쓸어주었다. '해맑은 친구 딱 한 명만 있어도 매일 즐거울 텐데.' 안타까운 마음이 들었다.

딸아이를 바라보다가 문득 나의 '바우'가 떠올랐다. 함께 학교도 갈 수 없고, 내게 말 한마디 건네지 못했던 털북숭이 친구. 그래도 내가 온 마음으로 사랑했던, 나를 온몸으로 사랑했던 친구 사이. 한결같던 녀석의 과한 환대에 위로받던 나의 어린 시절이 떠올랐다.

아빠는 딸만 셋이던 딸부잣집에 아들이 없는 걸 늘 아쉬워했다. 마당이 있는 집으로 이사를 온 지 얼마 지나지 않았던 어느 날, 아빠는 "우리 집을 지켜줄 용맹한 아들이 필요하다"라면서 커다랗고 누런 진돗개를 집으로 데리고 오셨다. 그리고 우리의 의견은 묻지도 않고 '바우'라는 이름을 지어버렸다.

우직하고 듬직해 보이는 이름과는 달리 아직 한 살도 되지 않은 꼬마였다. 이 녀석은 엄청난 개구쟁이이고 말썽꾸

러기였다. 틈만 나면 곱게 잔디를 심어놓은 마당 곳곳을 파헤쳐 엉망으로 만들어 놓았다. 또, 사냥한 쥐를 구석구석 숨겨 놓기도 했다. 엄마는 마당 청소를 하다가 죽은 쥐를 발견하고 깜짝 놀라기 일쑤였다.

그뿐만이 아니었다. 우리가 집으로 들어서기만 하면 흙과 먼지가 묻은 앞발로 풀쩍 풀쩍 올라타며 인사를 했다. 그 바람에 옷에는 바우의 발 도장이 잔뜩 찍히곤 했다. 비가 온 날은 더욱 조심해야 했다. 진흙 얼룩은 지우는 게 훨씬 힘들었기 때문이다.

그런 이유로 엄마는 바우를 좋아하지 않았다. 녀석이 우리 집에 온 뒤로 엄마의 일이 한참이나 늘어나 버렸기 때문이다. 언니들도 그랬다. 바우가 반가워 달려들려는 순간, "바우야! 안돼!"하고 한두 번 쓰다듬어 주고는 집으로 들어왔다.

하지만 나는 처음부터 바우가 마음에 들었다. 하굣길엔 녀석이 보고 싶어 집으로 달려갔다. 집 앞 골목에 들어서기 전부터 헉헉거리며 나를 찾는 바우의 요란한 숨소리가 들렸다. 벌써 내가 온 걸 알아챈 눈치다. 웃음이 나서 입술을 깨물고 슬쩍 고개를 내밀어 보면, 하늘색 담벼락에 겨우 앞발로 매달려 킁킁대는 바우의 까만 코가 보였다. 나를 찾는 녀석의 오두방정이 어찌나 사랑스러웠는지.

바쁜 엄마 아빠를 대신해서 혼자 집을 지키던 바우는, 내가 대문으로 들어서면 사방으로 꼬리를 흔들며 폴짝거렸다. '왜 이제야 왔어! 나 심심했는데! 너랑 놀고 싶어서 너만 기다린 거 아냐? 빨리 놀자. 빨리.' 바우는 아무 말도 안 했지만, 마음으로 느낄 수 있었다. 나는 매일 집에 돌아오면 마당에서 한참 동안 시간을 보냈다.

바우와 한참을 놀고 교복 치마를 내려다보면 바우의 발도장과 털이 잔뜩 붙어있었다. 현관 앞에서 손으로 툭툭 털면 여기저기로 흩날리던 반짝이던 털과 먼지는 아직도 기억에 선명하게 남아있다.

일주일에 서너 번 하는 뒷산 산책도 나와 아빠의 몫이었다. 보통 산책은 저녁을 먹고 나섰다. 목줄을 잡고 대문을 열면, 사륜구동 자동차 같은 기운찬 녀석의 발걸음에 나는 힘들일 필요 없이 이끌려 언덕길을 올랐다. 뒷산 입구에 들어설 무렵이면 하늘이 컴컴해졌다. 작은 손전등 하나만 켜고 발아래만 겨우 비추며 산을 올랐다.

어둠에 눈이 익숙해지기 전까지는 아무것도 보이지 않던 그 시간. 짙은 남색 어둠 속에 축축한 숲 냄새만 가득했다. 고요함 속에 우리의 발걸음 소리만 숲을 채웠던 밤 산책. 든든한 두 남자와 함께했던 추억은 내 마음속에 깊숙이 머물러있다. 함께 산책을 마치고 돌아오면 나도 바우도 아빠도 참 개운했다.

그렇지만 바우가 언제나 나를 행복하게 해 준 것은 아니다. 개들도 여느 동물들처럼 서열을 안다는 이야기를 들은 적이 있다. 바우도 우리 집 서열 막내인 나를 만만하게 봤다. 다른 가족들이 집에 들어올 땐 엄두도 내지 못하면서, 내가 집에 들어올 때는 탈출의 기회를 엿봤다. 아무리 조심해도 내 발걸음 소리와 철컹하고 대문 여는 소리만 들리면 그 좁은 틈 사이로 주둥이를 내밀었다.

  내가 방심했던 어느 날 바우는 찰나만을 기다렸다는 듯이 주둥이로 힘껏 무거운 대문 틈을 벌리고 내 가랑이 사이로 쌩하고 탈출했다. 얼마나 재빠른지 도무지 잡히지 않았다. "바우야 이리 와 바우야 제발 이리 와." 아무리 애원해도 나를 놀리듯 힐끔거리며 두어 걸음 앞서갔다. 항상 골목 아래로 탈출하던 바우가 이번에는 뒷산으로 도망쳤다. 나는 여느 때처럼 어르고 달래며 바우 뒤를 따라갔다.

  고개를 하나 넘고 고개를 둘 넘어도 자꾸만 멀리멀리 도망가는 것이었다. 해는 벌써 뉘엿뉘엿 저 가고, 내 다리는 이미 후들거려 말을 듣지 않았다. 그런 나를 본체만체하더니 바우는 점점 멀어져 보이지 않았다. 나는 "바우야! 제발 돌아와!" 하며 큰 소리로 울며 소리 질렀다. 산새들만 내 소리에 푸드덕거릴 뿐 바우의 기척은 조금도 느껴지지 않았다.

  해가 지고 어두워지자, 나는 포기할 수밖에 없었다. 우리가 산책하던 것보다 훨씬 먼 거리를 바우를 쫓아 와버렸다. 돌아가는 일도 문제였다. 후들거리는 다리로 고개를 넘고 엉엉 울면서 혼자 집으로 돌아왔다. 엄마 아빠는 우는 나를 달래주었다. 그리고 혹시 모르니 대문을 열어 두어야 하겠다고 말했다. 나는 울음을 그친 채 엉망이 된 옷을 갈아입고 저녁을 먹었다.

얼마나 지났을까. 마당에서 헥헥거리는 바우의 숨소리가 들려왔다. 나는 헐레벌떡 마당으로 나갔다. 이 녀석, 고얀 녀석, 못된 녀석, 나쁜 녀석. 이 누나가 얼마나 힘들었는데 얼마나 걱정했는데. 바우는 아주 행복하고 개운한 표정이었다. 뒷산 이곳저곳을 마음껏 내달려 아쉬운 것 하나 없는 얼굴이었다. 몸뚱이에는 산에서 묻혀 온 도꼬마리와 도깨비바늘 그리고 이름 모를 낙엽과 흙이 잔뜩 묻어 있었다. 또, 주둥아리로 흙을 파고 놀았는지 코와 입에도 흔적이 묻어 있었다.

나는 바우의 엉덩이를 세게 두어 번 팡팡 때려주었다. 화가 난 내 마음은 모르고 녀석은 그저 꼬리를 흔들며 쩝쩝대고 맛있게 물을 마셨다. 아빠는 약 올라 하는 나의 머리를 쓰다듬고, 바우 몸에 붙어있는 것들을 떼어내며 말했다. "바우는 알고 있나 봐. 우리 딸이 자기를 얼마나 좋아하는지." 아빠의 위로에도 쉽게 마음이 풀리지 않았다. 그 일이 있고 나서도 두어 번 바우에게 골탕을 먹었던 걸로 기억한다.

그렇게 바우와 나는 함께 자랐다. 바우는 늘 우리 집 마당에서 나를 반겨주고 내 이야기를 들어주었다. 익숙해서 특별한 것 없는 가족이었다. 우리는 영원히 함께 할 것 같았다. 하지만, 바우의 시간은 나보다 한참이나 빨랐다. 나는 아직 어렸던 어느 날, 바우는 자기의 시간을 다 보내고 무지개다리를 건넜다.

처음 경험했던 이별이었다. 한참은 바우 생각만 해도 눈물이 주르륵 나곤 했다. 골목 모퉁이에서부터 내 발걸음 소리가 들리면 담장 너머 머리를 쏙 내밀고 '어서 와!' 하듯 거친 숨소리로 나를 반기던 모습이 떠올라 골목을 돌 때는 일부러 바닥만 보며 걸었다. 대문을 활짝 열어도 긴장할 필요 없는 순간들이 아팠다.

친구를 사귀고 마음을 나누는데 서툴렀던 내게 좋아하는 마음은 마음껏 표현해도 괜찮다는 걸, 이유나 설명 없이도 감싸주는 마음이 있다는 걸 알게 해 준 내 친구. 마음의 의미를 알려준 바우 덕분에 나는 지금도 세상 속에 섞여 무난하게 살아가고 있을지도 모르겠다.

괜히 딸아이를 꼭 안았다. 아이에게 바우같은 맑고 사랑 많은 친구가 함께했으면 좋겠다고 생각했다. 아니, 내가 딸아이에게 그런 엄마가 되어주어야겠다고 생각했다. 우리는 모두 서투른 마음으로 태어났을 테니 말이다.

밤 열 시의 사랑 고백,
사랑한다 사랑한다

......

한참을 헤매던 엄마의 고백

고등학생 큰 딸아이의 기말고사 시험 기간이다. 올해는 무더위가 빨리 찾아와 아침부터 눅진한 더위에 상큼한 기분이 들지 않는다. 보통 학교 급식실에서 점심과 저녁 식사를 해결하고 밤 10시가 넘어서 집으로 돌아오지만, 시험 기간은 다르다. 시험 기간에는 급식실을 운영하지 않는다. 학년별로 시험을 마치는 시간이 다를뿐더러, 오후까지 학교에 남아있는 아이들이 적기 때문이다. 아이는 시험이 끝나도 집으로 오지 않고 자습실에서 공부하기 때문에, 나는 점심시간에 맞추어 도시락을 배달하러 간다. 요즘처럼 습하고 더운 날씨에 등교하는 아이 손에 도시락을 들려 보내는 것은 위험하다. 상해버린 음식을 먹고 배탈이라도 나버리면 돌이킬 수 없기 때문이다.

간단하게 먹을 수 있는 샌드위치를 준비하고 아이가 좋

아하는 딸기스무디도 한잔 샀다. 학교에서 커다란 일회용 컵에 들린 새콤달콤한 분홍색 딸기스무디를 먹는 일은 흔치 않기에, 힘든 아이의 기운을 북돋아 주지 않을까? 생각했다. 운전해서 한적한 교내로 들어왔다. 평소엔 아이들로 북적북적할 테지만, 이미 몇 시간 전에 시험을 마치고 대부분 돌아가 뜨거운 운동장은 텅 비어 있었다.

- 엄마 왔다. 내려와.
- 응 ^^

아이는 내가 보낸 연락에 귀여운 이모티콘도 붙여 답장을 보냈다. 그리고 얼마 후 중앙현관문을 열고 계단을 내려오는 모습이 보였다. 나는 서둘러 샌드위치와 커다란 딸기스무디를 들고 차에서 내렸다. '배고팠을 텐데 자기 좋아하는 것만 가지고 와서 기분 좋아지겠지.' 웃으며 아이를 바라보는데, 아이의 눈이 빨갛다.

울었을 것이다. 조금 전까지 눈물을 훔친 것이 분명하다. 그런데, 나를 본 아이가 입가에 미소를 짓는다. 눈가는 딸기스무디보다 더 분홍이면서 미소를 보인다. 마음이 따끔거린다. 내 눈가도 자꾸만 촉촉해지려고 한다. 나는 힘주어 입술을 한 번 다물고 난 다음 아무것도 모르는 척 같이 웃어 주었다. 엄마 걱정하지 말라고 마음을 숨기는 아이를 보며 안쓰러운 눈빛을 보내고 싶지 않았다.

"이것 봐라. 엄마가 너 좋아하는 딸기스무디 사 왔다!"

"와, 엄마 정말 고마워. 잘 먹을게."

우리는 서로 긴말하지 않고 서둘러 헤어졌다. 나는 돌아서서 눈물을 훔쳤는데, 아이도 그랬을까.

첫째 아이는 내 나이 스물일곱 살에 태어났다. 남편의 학업으로 해외에 나와 있었기 때문에 부모님 도움 없이(잔소리 없이) 우리 부부 멋대로 키웠다. 살림을 늘리는 것이 부담스러워 장난감은 몇 가지 없었지만, 대신 매일 아이를 안고 공원으로 나갔다. 돌 되기 전부터 걸음마를 배워 금방 아장아장 걷게 되었다. 우리는 아이에게 폭신한 무릎 보호대를 채우고 공원 여기저기를 자유롭게 다니게 놔두었다. 아이는 궁금한 게 있으면 궁둥이를 대고 앉아 무릎을 대고 엎드려 이것저것을 만지고 보며 놀았다. 한국에 계신 부모님들이 보셨다면 염려의 충고를 보냈을 일들이 허다했다.

"애 혼자 걷다 넘어질라. 저기 앉으면 옷에 풀물 다 든다. 모래밭에 두면 애 눈에 모래 들어간다. 혹시 지금 모래를 먹고 있는 거니? 자동차 바퀴를 만진 것 같은데, 어서 손을 씻겨야 하지 않을까. 흙, 지금 흙 만진 손을 옷에다가 닦아 버렸네. 애가 계단을 내려가려는 것 같은데 어서 안아 들어야지. 열 발짝 더 가면 호수야. 알고 있니. 혹시 지금 개미를 만지고 있는 거니? 애가 방금 넘어진 것 같은데 얼른 일으켜야지, 왜 보고만 있니. 위험해. 더러워. 조심해. 에구구. 어머나. 저런."

아이는 '괜찮아 부모'와 자유롭게 자라다가 네 살이 되던 해에 한국으로 돌아왔다. 우리가 선택한 집은 낡고 허름하지만, 자연이 가까운 곳이었다. 생활은 크게 달라지지 않았다. 바깥으로 나가면 요즘은 흔치 않은 모래 놀이터가 있었다. 지어진 지 30년 가까이 된 아파트 단지에는 함께 세월을 보내 높다랗게 자란 아름드리나무들이 가득했다. 단지 사이를 걷는 것만으로도 수목원에 온 것 같은 느낌이 들었다.

우리는 계절이 바뀔 때마다 만지고 보고 냄새를 맡았다. 봄이면 푸릇한 새싹이 오래된 보도블록 사이로 솟아올라 높게 자랐다. 그것들 사이로 걸어가면 숲길을 걷는 기분이었다. 여름이면 매미가 시끄럽게 울어대는 공원으로 나갔다. 시원한 바닥분수에 날마다 축제 같았다. 낙엽이 지는 가을이 되면, 저녁을 먹고 공원으로 나가 수북이 쌓인 낙엽을 밟고 눕고 주워 놀다가 집에 돌아와 씻고 잠이 들었다. 겨울엔 함박눈이 소복하게 쌓였다. 아이가 감기에 걸리면 커다란 플라스틱 상자에 가득 눈을 담아와 집에서 눈사람을 만들었다.

　바깥으로 나가지 않는 날은, 집에서 오리고 붙였다. 아이들 방 벽 하나는 온통 고사리손으로 그린 그림과 오려 낸 것들이 붙어있었다. 자전거를 타고 무지개를 건너는 사람도, 하트가 잔뜩 그려진 이면지도, 바닷가에서 주워 온 조개껍질도 테이프로 붙여 모양을 만들면 근사한 작품이 되었다. 빨간 단풍잎도 노란 은행잎도 집에 가지고 들어와 색종이에 오려 붙이면 아이 만의 것이 되었다. 모르는 사람들이 봤다면 덕지덕지 누더기 같았겠지만, 우리는 그걸 소중하게 바라보고 추억했다. '자유로운 인생'을 사는 어린이의 모습을 묘사하라고 한다면 꽤 어울리는 모습이 아니었을까.

'자유로운 인생'을 살던 어린이도 나이가 차면 학교에 다녀야 한다. 그렇게 지금까지 십일 년째 규칙과 질서로 가득한 학교생활을 하고 있다. 아이는 우리의 염려와는 달리 학교생활을 좋아했다. 배우고 느끼며 날마다 충만하게 즐겼다. 미리 배워본 적이 없는 것들이었기에 모든 것이 처음이었고, 그래서 인지 아이는 선생님의 한 마디 한 마디에 새로운 세상을 만났다. 그 생활이 익숙해질 즈음부터 평가라는 이름이 붙은 종이 시험이 잦아졌다. 어느 날 하굣길, 언제나처럼 교문 앞에서 아이를 기다렸다. 나를 보고 반가워 웃으며 달려오는 아이의 손에 나풀거리는 종이가 보였다. 그 종이 위에는 커다랗고 빨간 숫자가 쓰여있었다.
"60"

나는 얼굴이 빨개졌다. 육십 점짜리 시험지를 손에 들고 신나게 달려오는 아이가 부끄럽다고 생각했다. 내가 아이를 앉혀놓고 문제집을 풀리기 시작한 것이 아마 그때쯤이지 싶다.

학년이 올라갈수록 우리 가족의 일상에도 변화가 생겼다. 여행을 다니는 횟수가 눈에 띄게 줄어들었고, 짧은 여행을 가려고 해도 우선 아이의 시험 일정을 고려해야 했다. 자유롭고 순수한 마음은 공부에는 큰 도움이 되지 않는다. 잘 외우고 잘 풀어야 하는 시험에서 좋은 성적을 내기 위해서는 충분한 시간을 할애해서 꾸준히 반복해야 한다. 아이는 잘하고 싶어 했다. 그래서 열심히 했다. 쭈그리고 앉아 개미를 관찰하던 때처럼 가만히 책상에 앉아 시간을 보냈다. 모래사장에 앉아 조개껍질을 찾는 마음으로 문제집의 정답을 찾는 지루한 일상을 보냈다.

중학교에서는 중간고사와 기말고사 그리고 사이사이에 내주는 과제 점수를 모아 학생들을 평가했다. 그리고 반년에 한 번씩 한 장짜리 종이로 아이의 등급을 알파벳으로 나누어 집으로 보냈다. 아이는 자신의 성적표에 다른 알파벳이 섞일까 봐 걱정했다. 하나라도 다른 알파벳이 보이면 섭

섭하고 아쉬워 눈물을 흘렸다. 나는 괜찮다고, 울지 말라고 아이를 위로했지만, 속으로는 다른 생각을 했다. 학생이라면 이 정도 욕심을 내는 것은 당연하다고. 열심히 하면 다 괜찮을 것이라고. 어쩌면 나는 아이의 노력과 성과에 우쭐했었는지도 모르겠다.

그랬던 아이는 고등학생이 되고 나서부터 흔들리기 시작했다. 하면 다 될 거라던 아이는 본격적인 입시에 들어서자 당황했다. 욕심만큼 나오지 않는 결과에 놀랐다가 체념했다가 슬펐다가 기뻐하기도 했다. 뒤늦게 휘몰아치는 사춘기 봄바람에 마음이 두둥실 떠오르기도 했다. 철이 든 이후로 언제나 엄마보다 차분했던 나의 딸. 그랬던 아이의 요동치는 감정에 나는 어찌할 바를 몰랐다. 내가 알지 못하는 아이의 모습이 불쑥 나올 때마다 당황스럽기만 했다. 나는 아이의 마음에 덩달아 올라타 너울지다가, 멀미가 날 만큼 파도를 지치고 나서야 정신을 차렸다. 나의 아이는 자라고 있다는 것. 흔들림 없이 성장한다는 건 불가능에 가깝다는 것 또한 모자란 엄마는 온몸으로 겪고 나서야 알아차렸다.

내가 자유롭게 키워 놓고, 세상이 얼마나 아름다우며 신기한 것 투성이인지 마음껏 누리며 자라라고 해 놓고는 겨우 육십 점짜리 시험지 한 장에 아이의 눈을 가려버렸다. 작은 것 하나도 허투루 보지 말고 느끼라고 해 놓고는, 공부 말고 다른 건 취미가 되라고, 취미는 남는 시간을 보내는 방법이라면서 아이를 내가 만들어 놓은 길로 유도했다.

　누군가는 나를 보고 성적으로 아이를 다그치지 않는 대범한 엄마라고 할지도 모른다. 실제로 성적표를 두고 아이와 마주 앉아 '내가 너를 어떻게 키웠는데'로 시작하는 뻔한 레퍼토리를 읊은 적은 없으니까. 하지만 나는 남들과는 조금 다른 방법으로 아이를 채근하고, 응원하는 것처럼 공부의 중요성을 강조하고, 흐트러진 아이의 눈빛마저 알아채고는 넌지시 한마디 던지는 것으로 아이를 압박해 왔다는 것을 고백한다.

　다시 처음부터 시작할 수는 없겠지. 그러니까 나는 조금씩 변하려고 한다. 아이를 걱정하는 마음은 감추고 무심하게 아이를 바라본다. 엉망이 되어버린 하루를 보낸 뒤에도 집으로 돌아오면 편안하고 나른하기를 바란다. 엄마의 반성이 너무 늦지 않았기를. 나의 마음이 아이에게 서서히 물들어 문득 돌아보았을 때 좋은 기억이 더 많이 남아있기를 바란다. 저녁 10시, 자습실에서 내려올 아이를 기다리며 차 안의 공기를 시원하게 식혀놓고 잔잔한 음악을 틀었다. 오 나의 그녀여. 사랑한다. 사랑한다. 사랑한다.

언니 머리에는 땜빵,
그거 만든 사람 막내

사고 치고 억지 잠자던 유년의 밤들

"어서 뛰어봐. 다음이 내 차례란 말이야."

나는 등을 슬쩍 밀었다. 언니가 그렇게 쉽게 흔들릴 줄은 몰랐다. 찰나였다.

아빠는 출근하고, 큰 언니는 학교에 갔다. 엄마는 나와 작은 언니만 두고 이모랑 장을 보러 나갔다. 작은 언니와 나, 덩그러니 둘만 남았다. 나는 먼저 텔레비전을 켰다. 아무리 채널을 돌려봐도 '삐' 소리만 나고, 색색의 막대기만 보일 뿐이었다. 주말이 아니면 낮에는 방송을 송출하지 않던 시절이었다. 텔레비전도 못 보지, 책은 읽기 싫지, 한참을 뒹굴뒹굴해도 시간은 영 흐르지 않았다. 지루하기 짝이 없는 오후였다.

언니는 방에서 무언가를 하고 있었다. 조용히 가만히 앉아서도 몇 시간은 너끈히 행복할 수 있는 게 우리 언니다. 나처럼 몸으로, 입으로 발산하며 '오늘은 또 어떻게 놀아볼까, 무얼 하며 놀아야 더 신날까' 고민하는 왈가닥이 아니었다. 나는 혼자 거실 바닥에 대자로 누워 뒹굴다가 번뜩이는 생각 하나를 떠올렸다. 거실 소파 위로 올라가 그 뒤쪽으로 난 커다란 미닫이창을 활짝 열었다. 소파 위에서 고개를 내밀어 창밖을 내려다보았다.

 돌계단이 보였다. 현관에서 마당으로 이어지는 낮은 돌계단이다. 대충 높이를 가늠해 보았다.
 "우리 여기서 뛰어내리자. 점프해서."
 언니의 대답을 듣기도 전에 먼저 용기를 냈다. 소파를 넘어가 창틀에 섰다. 호흡을 가다듬고 떨리는 가슴에 손을 얹었다.
 "이얍!"
 성공이다. 짜릿하니 스릴 만점.

 언니는 소리를 듣고 거실로 나왔다.
 "같이 하자. 재밌어."

언니는 원래 위험한 놀이를 하는 사람이 아닌데. 그날은 나만큼이나 지루했던 걸까. 함께 나섰다. 이런 날은 흔치 않다. 나는 언니를 더욱 재미있게 해줘야겠다고 생각했다. 시범을 보여주려고 내가 먼저 다시 창틀에 섰다.

"슈퍼매앤!"

크게 외치며 점프. 완벽한 착지였다. 두 번째는 덜 무서웠다. 돌아보니 언니는 눈이 동그래져서 나를 보고 있었다.

"언니도 나처럼 뭐라고 소리 질러봐. 그럼 덜 무섭다."

집에 들어가지 않고 계단 한 켠에 서서 언니를 응원했다. 언니는 조심스럽게 소파를 넘어 천천히 창틀에 선 다음 몸을 움츠리고 살살 계단으로 뛰어내렸다. 뛰어내렸다기보단 조금 높은 곳에서 내려왔다고 하는 편이 나을 움직임이었다.

"배트맨"

조그맣게 읊조렸다. 기뻤다. 언니가 나처럼 스릴있는 장난을 함께 했기 때문이다. 천성이 여성스러운 언니가 배트맨을 외치며 몸을 날리는(?) 모습이 만족스러웠다.

또 내 차례. 나는 다시 어떤 영웅의 이름을 외치며 신나게 뛰어내렸다. 이번에는 계단 언저리에서 언니를 기다리지 않고 얼른 집으로 들어왔다. 언니가 뛰고 나서 연달아 점프하고 싶어서였다. 달려 들어와 소파 위에서 언니를 기다리는데 언니가 좀처럼 뛰지 않는다.

"언니 얼른 뛰어. 그래야 나도 뛰지."

"누구 이름을 대지? 떠오르지를 않아."

"아 아무거나 해. 얼른 뛰라고."

몇 초간, 언니는 계속 생각을 했다. 엄마가 오기 전에 실컷 놀아야 한다는 초조함 때문이었을까. 나는 바보 같은 행동을 하고 말았다.

"어서 뛰어봐. 다음이 내 차례란 말이야."

나는 등을 슬쩍 밀었다.

언니가 떨어졌다. 뛰어내린 게 아니라 밀려 떨어졌다. 달려 나갔더니 언니가 계단에 앉아 울고 있었다. 나는 본능적으로 언니의 머리를 헤집었다. 긴 머리카락 사이를 훑어보는데 어디선가 피가 보였다. 멈추지 않고 동그랗게 맺혀 흐르는 빨간 피. 나는 너무 놀라 몸이 굳어버렸다. 피를 멈추기 위해 환부를 꾹 눌러 주어야 한다거나, 부상자가 당황하지 않도록 평평한 곳에 눕히고 진정을 시키는 것이 좋다는 등의 지식은 없었다. 나는 울고 있는 언니 옆에 서서 얼어붙어 버렸다.

 엄마가 돌아왔다. 이모와 나란히 마당으로 들어선 엄마는 피 묻은 옷을 입고 계단에 앉아 울고 있는 둘째 딸을 보고 놀랐다. 열린 창문과 현관문, 맨발의 우리 둘을 보고는 자초지종을 금세 알아챘다. 수건으로 언니의 머리를 누르고, 택시를 잡아타고 병원으로 갔다. 이모도 나만 혼자 두고 병원으로 따라나섰다. 나는 놀라고 무서워 아무것도 하지 못하고 집에서 기다렸다. 딱 두 가지 생각만 났다.
 "언니 어떡하지? 나는 어떡하지? 아빠한테 회초리 맞겠는데."

 집에 돌아온 언니의 머리에는 생각보다 커다란 붕대가 반창고로 붙어 있었다.
 "꿰맸어. 언니 머리에 흉 지면 어쩌니."
 엄마는 그렇게 말하고 우리 방에 요를 깔아주었다. 아픈 언니가 누워 쉬라고 깔아 둔 것이다. 내가 머리를 다쳤다면 울며불며 언니 때문이라고 화를 냈을 텐데. 미안하다고 백 번 말할 때까지 용서해 주지 않을 텐데. 제일 아끼는 미미 인형을 내게 주라고 기회를 탐냈을 텐데. 언니는 내 탓 한 마디 하지 않고 조용히 누웠다. 착한 언니. 그 와중에도 나는 걱정했다.

'아빠한테 회초리 맞겠는데.'

그날은 해가 지기도 전에 언니 옆에 누워 잠을 청했다. 저녁도 건너뛰었다. 거실에서 고소한 불고기 냄새가 나도 침만 삼키고, 눈을 꼭 감았다. 언니를 다치게 했다는 죄책감에 저녁을 먹지 않은 것도 아니요, 너무 놀라 기운이 빠져 일찍 잠자리에 든 것도 아니다. 아빠에게 회초리를 맞을까 봐 무서워서였다. 내가 그릇을 깨고 마당 구석에 숨겼을 때도, 밤새 이불에 커다란 지도를 그리고, 젖은 속옷을 서랍장에 숨겼을 때도, 아끼는 난초가 오랜만에 피운 꽃을 가위로 싹둑 잘랐을 때도 아빠는 '이번 한 번만 봐준다'라면서 넘어가 줬다. 그러나 이번 사건은 그냥 어물쩍 넘어갈 만한 말썽이 아니라고 생각했다.

'아빠가 올 시간이 다 된 것 같은데, 왜 아직도 잠이 안 오는거야.' 심장이 뛰고 머리가 어지러웠다. 초조해 안달이 났는데, 도대체 잠이 오지 않았다. '잠자는 나를 흔들어 깨워 회초리를 들지는 않을 테지'. 얄팍한 수를 써서 밥도 포기하고 일찍 잠자리에 들었는데 어찌 된 게 보통날보다 더 잠이 안 왔다. '잠아 제발 와. 빨리 와.' 기도했다.

거실에서 아빠의 목소리가 들렸다. 귀를 기울였다. '희라가? 어쩌다가? 세영이가? 아 이놈의 자식' 그런 이야기가 들려왔다. 그리고 얼마 있다가 우리 방문 새로 빛이 들어왔다. '아빠다!' 순간 느낌이 왔다. 아빠는 조용히 방으로 들어와 언니의 얼굴을 가까이에서 살폈다. 아빠의 숨소리가 느껴졌다. 옆에 누워있던 나는 감은 눈을 더욱 꼭 감았다. 눈가에 주름이 질 정도로. 내가 깨어있다는 걸 들키지 않길 바랐다. 숨도 잘 쉬지 못했다. 얼마의 시간이 흐르고 아빠는 가만히 우리 방문을 닫고 나갔다.

'성공이다. 회초리를 맞지 않았다.' 내 수가 통했다고 생각해 기뻤다. 깊은 안도의 한숨을 쉬었다. 그런데 이상했다. 매를 맞지도 꾸지람도 듣지 않았지만, 매를 맞을 것처럼, 꾸지람을 잔뜩 들은 것처럼 몸과 마음이 욱신거렸다. 그때는 아빠가 알고도 모른 척해 주었다는 걸 몰랐다. 자는 척하는 꼬마의 주름지게 꼭 감은 눈은, 부릅뜬 눈보다 더욱 모른 척하기 힘들다는 것을 내가 아이를 키우고 나서야 알게 되었다.

그 후로 나는, 언니의 머리에 땜빵을 만든 막내. 사고뭉치 딸내미가 되었다. 엄마는 매일 아침 언니의 머리를 빗어 하나로 묶어 줄 때마다 더 이상 머리가 나지 않는 상처 부위를 가려주려고 찾아야 했고, 때마다 우리는 그날의 사고를 상기했다. 미안했다. 실수였다고 하더라도, 같이 놀다가 생긴 상처라고 치더라도 언니의 머리에 지워지지 않는 흔적을 만든 동생이라는 딱지는 뗄 수 없겠다고 생각했다. 목욕탕에서 일어난 그 사건이 있기 전까지는.

날마다 죄책감 갱신,
반전은 목욕탕에서

....

언니의 뜨거운 복수

작은 언니의 조그만 머리 정수리께에는 한동안 커다랗고 하얀 반창고가 붙어있었다. 못 보고는 지나칠 수 없을 정도로 눈에 띄었다. 어디를 가도 누군가는 꼭 '이게 무슨 일이냐, 어쩌다가 이렇게 된 거냐'며 물었다. 그러면 대답은 항상 '세영이가'로 시작되었고 나는 사람들의 눈총이 따가워 발가락을 꼬며 눈을 피했다. 언니를 위로하며 나에게 대놓고 핀잔을 주는 어른들도 있었다. 나의 죄책감은 매일 갱신되었고, 미안한 마음에 울적하기도 했다.

꿰맨 자리에 실밥을 풀기 전까지 언니는 매일 저녁 소독을 해야 했다.
"언니, 아파?"
"아니, 그런데 소독약 닿은 자리에서 보글보글 소리가 나. 조금 따끔거리기도 하고."

엄마는 저녁마다 거실에 앉아 언니를 불렀다. 두 다리 사이에 언니를 앉혔다. 살금살금 반창고를 떼고, 소독약을 한 방울 두 방울 떨어트리고. 찡그린 언니 얼굴을 살피고는 호호 불어 닦아내고 새 반창고를 붙여주었다. 다정하고 따뜻했다. 평소 엄마 모습과는 사뭇 달랐다. 그 모습을 바라보던 나는 엉뚱한 생각을 했다. '아직 '정신 연령'과 '실제 나이' 모두 모자란 어린이였다는 것을 미리 밝혀두겠다.'

'언니 말고 내가 다쳤으면 좋았을걸. 그랬다면 나도 온 가족의 사랑을 받을 수 있을 텐데.'

아빠는 물론이고, 무심한 엄마도 매일 언니를 돌봐주고. 평소엔 우리를 상대도 안 해주는 큰 언니까지 작은 언니를 챙겨주었다. 명절에나 보는 친척들까지 집으로 전화를 걸어 언니의 안부를 묻다니. 부러운 마음이 들었다. 게다가 한 번도 나를 탓하지 않는 작은 언니의 심성까지. 텔레비전 만화에 나오는 공주님 같은 성숙함이었다. 아빠한테 회초리 맞을까 봐 오후 다섯 시부터 잠든 척을 하던 누구와는 너무 달랐다. 머리에 난 상처마저도 근사해 보였다.

시간이 흘러 언니에겐 작고 길쭉한 흉만 남았다. 작은 언니는 더 이상 나랑 위험한 놀이를 함께 하지 않았다. 본래의 언니 모습으로 돌아갔다. 아마도 엄마는 생각했을 것이다.

'이제 아이들 다쳤다고 응급실 갈 일은 없겠지, 세영이만 사고를 치지 않는다면. 저 녀석 단속만 잘 한다면.'

일요일이었다. 매일 샤워하지 않던 그 시절, 한 달에 서너 번 목욕탕 방문은 우리 집의 의례적인 일상이었다. 딸만 셋인 집, 우리 엄마는 세 아이의 목욕을 혼자 책임져야 했다. 여자 넷은 함께 집에서 가까운 목욕탕으로 갔다. 작은 언니와 나는 후다닥 옷을 벗고 먼저 욕장으로 들어섰다. 우리 둘이 샤워기로 몸을 적시고 있으면 엄마랑 큰 언니가 들어와 곁에서 함께 머리를 감았다.

"아기 엄마, 왔어요?"
모두가 알몸인 목욕탕, 유일하게 속옷을 갖춰 입고 슬리퍼를 신는 한 명의 여성. 목욕탕 때밀이 아줌마(지금은 세신사/목욕관리사라고 부름)다.

"네. 안녕하세요."

우리는 엄마 따라 아줌마에게 인사를 드렸다.

"그래서 오늘은 누가 할 건가?"

"오늘은 둘째랑 막내 맡길게요."

"그래요. 이따가 한 삼십 분 후에 데리고 와요. 너희들 때 잘 불려라."

"네."

  엄마는 목욕탕에 가면 우리 중 한두 명의 세신을 아줌마에게 맡겼다. 어떤 날은 엄마가 세신을 받고, 우리 셋의 때를 차례로 밀어 주기도 했다. 엄마가 셋을 다 씻기고 당신 몸 까지 씻고나면, 시간이 오래 걸리기도 했고 많이 지쳤을 테니까. 나는 아줌마가 때를 밀어주는 게 좋았다. 미끄럽고 딱딱한 비닐 매트에 누워 아줌마가 하라는 대로 만세를 부르고 옆으로 누웠다가 엎드리기도 하는 게 재미있었다. 때를 미는 사이 바가지에 가득 담은 물을 좍 뿌려주면 파도를 맞는 것처럼 시원했다. '키가 많이 자랐네. 어디 놀러 갔다 왔구나, 까맣게 탔네. 너 또 넘어졌구나, 멍이 들었네.' 아줌마는 나의 자라는 모습을 기억하는 사람이었다.

"으 뜨겁다."

작은 언니와 나는 같이 욕탕에 몸을 담갔다. 아줌마가 때 잘 불리라고 당부했으니까.

그날따라 욕탕 물이 너무 뜨거웠다. 먼저 몸을 담그고 있던 할머니가 뜨거운 물을 계속 틀어 두었기 때문이다. 언니랑 나는 욕탕에 들어갔다 나왔다 하며 몸을 식혔다. 우리는 바가지에 차가운 물을 담아 욕조 앞에 두었다. 두 손으로 조금씩 떠서 얼굴에 흘렸다. 그렇게 해도 잠깐 시원할 뿐, 꼬마들이 참기엔 힘들었다. 우리는 견디지 못하고 욕조 둘레 난간에 걸터 앉았다. '어떡하지, 이렇게 있다간 때가 하나도 불지 않을 텐데.'

누가 먼저였는지 모르겠다. 바가지에 욕탕 물을 담고, 거기에 찬 수돗물을 섞어 서로의 몸에 뿌려주기 시작했다. 너무 뜨겁지도, 너무 차갑지도 않은 딱 좋은 온도. 수돗물을 많이 쓰면 아줌마한테 혼났을 텐데, 흘러넘치는 욕탕 물을 쓰는 거라 다들 뭐라고 하지 않았다. 그래서 우린 더 열심히 신나게 서로의 몸을 적셔 주었다. 심심하던 차에 재미난 놀이를 발견한 것이다.

나보다 성숙하고 배려심 많은 우리 언니. 아무렇게나 물을 섞어서 뿌려주는 나와는 달랐다. 동생한테 딱 맞는 온도를 찾아주려고 신경 썼다. 욕탕 물을 담은 바구니를 수돗가로 가지고 와 물을 틀어 섞었다. 찰랑이는 바가지를 두 손으로 들고 나에게 웃으며 다가오는 작은 언니. 나는 어서 뿌려달라고 등을 대주었다.

"악! 앗 뜨거워!"

나는 깜짝 놀라 발을 동동 굴렀다. 언니는 언니를 밀쳤던 그날의 나처럼 얼어붙었다. 등이 타들어 가는 것 같았다. 따가운 등을 손으로 문지르려는 찰나, 아줌마가 외쳤다.

"손대지 마!"

엄마보다 신속하게 내게 달려온 때밀이 아줌마는 내 손을 끌고 샤워기 앞으로 갔다.

"엎드려!"

샤워기를 틀어 차가운 물을 등에 흘려주었다. 나는 아줌마가 하라는 대로 엎드려뻗쳐 자세를 하고 차가운 물을 맞았다. 어쩌지 못하고 비굴한 자세로 시키는 대로 할 뿐이었다.

언니의 실수였다. 배려심 많은 우리 언니가 뜨겁지 말라고 차가운 물을 섞어주려던 것인데. 그만 반대로 뜨거운 수돗물을 잔뜩 섞어 나에게 뿌린 것이다. 목욕탕은 내 울음소리와 어른들의 웅성임으로 가득 찼다. 동굴처럼 웅웅 울렸다.

"아기 엄마, 빨리 옷 입고 응급실로 가요. 큰애 너는 동생 데리고 집으로 가고." 이번에도 아줌마는 재빠르게 지시를 내렸다. 속옷 차림의 여전사였다.

차가웠던 기억이 난다. 처치대 위 조명이 눈부셨던 기억도 남아있다. 의사 선생님은 덴 상처에 물집이 잡히고 쓸려서 치료가 필요하다고 했다. 소독하고 거즈로 닦아내는데 따갑고 뜨겁고 아파서 큰 소리로 울었다. 나는 등허리에 언니가 그랬던 것처럼 하얗고 커다란 붕대를 반창고로 붙이고 집으로 돌아왔다. 얼얼하고 욱신거렸지만 무언가 설레는 기분이 들었다.

이번엔 내 차례인가. 나도 언니처럼 가족의 간호를 받을 차례인가. 감기만 걸려도 우리 집 서열 1순위가 되어 보살

핌을 받는데, 이건 '화상'이다. 무려 응급실에 다녀왔고, 매일 상처를 소독해야 한다. 작은 언니가 그랬던 것처럼 나도 특급 관리를 받게 될 것임이 분명했다. 아픔 가득한 마음 한편에 숨기지 못할 만큼의 설렘이 비죽 드러났다.

아파서 받는 보살핌은 남 보기에만 부러운 일이었다. 마음대로 옷을 갈아입을 수도 없고, 등받이가 있는 의자에 함부로 앉지도 못했다. 잠을 잘 때도 모로 누워 자야 했다. 깜빡하고 무언가에 등을 비비기라도 하는 날엔, 처음 데었던 날처럼 불같이 덮치는 쓰라림에 비명을 질러야 했다. 나만 특별히 보드라운 복숭아 통조림을 마음껏 먹을 수 있어도, 언니가 아기 돌보듯 옷을 갈아입혀 주어도, 모두가 안쓰러운 눈길로 나를 바라보아도 그때뿐. 불편한 아픔투성이다. 내가 아파보지 않았다면 몰랐을 일들이다.

아무 말도 하지 못하던 언니. 언니가 그랬던 것처럼 나도 언니 탓을 하지 않았다. 언니가 좋아하는 미미 인형을 달라고 조르지도 않았다. 미안하다고 백번 사과하라고 하지도 않았다. 실수니까. 나 뜨겁지 말라고 그랬으니까. 죄책감과 미안함이 더해져 울적했을 것이다. 등이 데어버린 나만큼 언니 마음도 욱신거린다는 걸 나는 알 수 있었다. 이것 또한 내가 언니에게 상처를 내 보지 않았다면 몰랐을 마음이다.

그 후로도 오랫동안 우리 가족은 한 달에 서너 번 목욕탕에 갔다. 때밀이 아줌마는 나의 아문 상처도 기억하는 사람이 되었다. "흉 안 졌어. 다행이네." 아줌마는 살살 나의 등을 닦아주는 것으로 위로했다. 작은 언니와 나는 더 이상 그런 장난을 하지 않았다. 하지 말아야 할 일들과 조심해야 할 것들을 아는 어린이로 성숙해 갔다. 그렇지만 달라도 참 많이 다른 우리는 후에도 서로의 몸과 마음에 생채기를 냈다. 밤을 새워 말싸움하는 사춘기도 보냈다. 지금은 엄마가 되어 각자 아이도 키우지만, 아직도 가끔 서로가 맞다고 툴툴대고 다툰다. 하지만 나는 언니를 잃을까 겁내지 않는다. 서로를 용서할 사이라는 걸 알기 때문이다.

우리 사이에 '절교'는 없으니까. 언니와 나는 영원히 '자매'니까.

이토록 멋진 자유는 맨 몸일 때만

∴

내가 좋아하는 작고 소중한 일상 : 노천욕

남편은 평일 중 며칠은 이른 출근에서 자유롭다. 그래서 부지런하기도 하고 게으르기도 한 둘만의 데이트를 즐길 수 있다. 우선 이른 아침 하늘을 살펴야 한다. 적당히 묵직한 빗방울이 내리는 가을이나, 포근하게 눈이 날리는 겨울이 가장 좋다. 아이들을 깨우기 전 거실 창으로 날씨를 확인하고 서로의 마음을 확인한다. 곧 이십 주년을 맞이하는 부부 사이에는 주어나 목적어 없이 서술어만으로도 마음이 통하곤 한다.

"갈까요?"
"그럴까요? 좋아요."

아이들의 등교 시간에 맞춰 우리 부부도 함께 차를 탄다. 꼭 필요한 한 가지만 챙긴다. 나머지 준비물은 모두 그곳에 마련되어 있다. 굳이 아이들에게 우리 둘의 목적지를 밝히지는 않는다. 묵직한 가방을 메고 공부하러 가는 두 명의 학생에게 중년 부부의 평일 데이트 소식은 달갑지 않을 테니까.

목적지에 도착하면 주차하고 카운터에서 두 장의 입장권을 산다. 오전 아홉 시. 오픈 시간에 딱 맞추어 입장한다. 우리 부부가 좋아하는 작고 소중한 일상의 한 조각은 노천탕이 있는 온천욕장에서 온천을 즐기는 것이다.

온천욕 마치는 시간을 약속하고 나면, 지금부터 우리는 각자 두 시간 남짓한 시간을 즐긴다.
이른 아침 첫 손님으로 온천욕장의 문을 열면, 메마른 돌바닥을 맨발로 걷는 호사를 누릴 수 있다. 샤워기의 물을 틀어 잦아들어 가는 바닥을 보는 기분도 좋다. 살짝 차갑고 건조한 공기가 서서히 따뜻하고 촉촉해지는 것을 호흡으로 느낄 수 있다. 길게 숨을 들이쉬면 멀리 사우나에서 풍겨오는 편백나무의 향이 은은하다.

간단하게 샤워를 마치고, 딱 하나 챙겨온 칫솔로 양치하고 나면 이제 내가 가장 좋아하는 곳으로 갈 준비를 마친 것이다. 수건 하나를 챙겨 머리에 둘둘 감고 노천탕으로 향하는 문을 연다. 보통 찬 공기가 드나드는 노천탕의 출입구에는 문이 연속으로 두 개가 나있다. 차가운 공기가 실내로 들어가는 것을 방지하기 위함이다.

묵직한 문을 두 번 여는 사이, 온몸에 차가운 공기가 달라붙는다. 서늘해진 등골에 목 근육까지 긴장된다. 딱 십 초만 참자. 날이 서늘할수록 노천탕의 위력은 더해지니까. 종종거리고 싶지만, 중년의 도도함을 유지하기 위해 뛰지 않고 최대한 천천히 탕을 향해 걸어간다. 기억도 잘 나지 않는 꼬꼬마 시절을 제외하곤 지붕 없는 하늘 아래 맨몸으로 서 있는 건 흔치 않은 경험이다. 알몸으로 차가운 공기를 맞이하는 일은 말 못 할 해방감을 준다.

이제 발가락부터 서서히 탕에 몸을 담근다. 차갑게 식은 내 몸과 뜨끈한 탕이 만나면 처음엔 찌릿한 통감이 든다. 가만히 앉아 시간을 주면 어느새 가볍게 몸이 풀린다. 이제

깊게 숨을 들이쉬어 본다. 그리고 뻥 뚫린 하늘을 바라본다. 이토록 자유롭고 평화로운 시간이 있단 말인가.

기분 좋게 내리는 가을비가 촉촉한 날 이었다. 내 몸은 뜨끈한 탕에 담가져 있고, 작은 물방울 알갱이는 하늘에서 떨어져 귀엽게 튀어 올랐다. 그날따라 온천은 한산했다. 아무도 없는 고요한 노천탕에는 졸졸 물 흐르는 소리와 통통 팅기는 빗방울 소리만 가득했다.

눈을 감았다. 정수리에, 콧잔등에, 어깨에 차갑고 작은 물방울이 다정하게 나를 깨웠다.
톡. 톡. 톡. 톡. 톡.
마음속의 생각을 모두 꺼내었다. 하나씩 이리저리 살펴보고 구석구석 들춰보았다. 서랍을 정리하듯 버릴 것은 모아 비우고, 소중한 것들은 다시 고이 넣어두었다. 그렇게 모두 정리하고 난 후에, 나는 아무 생각도 하지 않았다. 그냥 온몸으로 빗방울을 느꼈다.

평소에 말로 마음을 비워내는 편이 아니다. 불만이 있거나 기분 나쁜 일이 생기면 우선 마음에 담아두고 몇 번을 곱씹어 본다. 나의 불만이 정당한 것인지, 이 나쁜 기분이 어디서 비롯되었는지 자꾸만 생각한다. 그러다 보면 얼추 정리가 되기도 하고, 쓸데없이 쌓여 상해버리기도 한다. 이런 나에게 노천탕에서 보내는 시간은 작고도 소중하다.

 부지런했지만 게을렀던 오전 시간을 보냈다. 세수도 하지 않고 시작했던 부부의 데이트는 뜨끈하고 뽀얗게 마무리되었다. 로비에서 만나 인사를 나눈다.
 "오늘도 참 좋았죠?"
 떨어져 있었지만, 같은 시간을 공유한 훌륭한 데이트였다.

 남편은 여지없이 다음 질문을 한다.
 "점심은 무얼 먹을까요?"
 세상에서 가장 대답하기 힘든 질문이다. 이 어려운 질문에 해답을 찾기 위해 비워낸 머릿속은 음식들로 가득 찼다. 물론 이 질문의 정답은 내가 아닌 남편이 가지고 있을 것이다. 그의 정답을 설레는 마음으로 기다리며 허기진 배를 쓸어본다.

글 쓰면서 더 남다른 '이 말'

내가 좋아하는 작고 소중한 일상
: 프롤로그와 에필로그 읽기

다정한 작가의 말,

"에필로그, 프롤로그, 작가의 말로 불리는 것들은 언제 써야 할까요?"

나의 글 선생님이 수업 첫날 던진 질문이다. 우리는 어색한 미소를 지으며 조용히 선생님의 얼굴만 바라보았다.

"우리가 아직 질문을 나눌 사이는 아니지요?" 조약돌처럼 귀여운 농담으로 경직된 마음을 톡 건드리고는 이어서 말했다.

"그런 것들은 자기 글을 다 완성한 후에 마지막으로 쓰는 거예요. 책으로 엮을 글을 고르고 갈무리를 마치고 나서요."

선생님의 이야기가 마음에 들었다. 그러리라 짐작은 했었지만, 책을 몇 권이나 써낸 작가 선생님이 그렇다고, 정말 그렇게 하는 거라고 확언을 해주니 기뻤다.

나는 책의 첫머리나 끄트머리에 자리를 잡는 '작가의 말'을 소중하게 여긴다. 이 책을 읽을 것인가 말 것인가를 결정하는 주된 이유이고, 책을 다 읽고 여운이 가시기 전에 다시 읽으며 작가와 가까워지는 나만의 습관이기도 하다. 모든 작가는 애를 써서 자신의 세상을 글로 다듬어 낸다. 몇 편의 짧은 글을 써 본 경험이 다인 나. 그런 나조차도 글을 쓰고 고치고를 반복하고, 소리 내 읽고 다듬다 보면 별 것 아닌 글에도 애정이 담뿍 담긴다. 누군가가 내 글을 읽는다면 나와 비슷한 마음이기를 바란다. 나처럼 기쁘고 설레거나 추억하고 슬퍼하기를. 책을 내는 작가들의 마음도 나와 같지 않을까.

그러나 마음이 활자가 되어 파일로 저장되고 그것이 인쇄되어 물성이 있는 종이에 담기면, 이제 내 마음은 나만의 것이 아닌 게 되어버린다. '글을 읽는다'라는 행위는 우리 모두 똑같지만, 받아들이는 것은 각자의 몫이며 어떤 모습으로 독자의 마음에 담기게 될지는 아무도 모를 일이다. "누구에게도 상처를 주지 않는 글은 쓸 수 없다. 나에게 별 것 아닌 일이 누군가에게는 큰 사건이 되기도 하고, 내가 극복한 과거가 누군가에게는 여전히 곪아가는 상처이기도 하기 때문이다." 얼마 전 강연에서 들었던 말이다.

에세이를 쓰고 있는 나는 강연자의 말에 마음이 복잡했다. 소설이 아니기에 주인공의 그림자 뒤로 숨어버릴 수도 없는 노릇이다. 오롯이 내 생각과 경험이 드러나 버리는 것. 그것이 누군가에게는 상처가 되기도 하겠구나. 마음이 무거워졌다. 솔직해질수록 나의 부족한 속내를 드러내야 하는 용기가 필요한데 게다가 묵직한 책임감까지 더해져 겁이 났다. 하지만 나는 글 선생님과 열 편 이상의 글을 쓰기로 약속했고, 최대한 용기를 내어 솔직해지기로 나와 약속했다. 그래서일까, 내가 글을 쓰기 시작한 후로, '작가의 말'이 더욱 남다르게 보이기 시작했다.

책을 펼치면 목차가 나오기 전에 '작가의 말'이 나오는 경우가 있다. '작가의 말' 대신 '들어가며' 혹은 '프롤로그'라고 쓰여 있기도 하다. 본격적인 이야기가 시작되기 전에 '작가의 말'을 읽으며 그의 마음을 상상해 본다. "안녕하십니까 독자 여러분, 이 글을 쓴 아무개입니다. 드디어 제 책이 세상에 나오게 되었습니다. (이렇게 기쁠 수가 있을까요) 저는 이러이러한 연유로 이 글을 쓰게 되었습니다. 글을 쓰면서 들었던 마음은 이러했습니다. 제 글을 읽고 계신 여러분, 제 마음을 헤아려 주시고 본격적인 독서에 들어가신다면 더욱 만족스럽지 않을까요. (혹시나 하는 염려의 마음이 들어 걱정되기도 하네요)" 이러한 마음을 담아 놓지 않았을까. 먼저 자신의 속 마음을 읽어 달라고 책 머리에 두었을 것이다.

 반대의 경우도 있다. 책의 마지막 장이 끝나고 '작가의 말'을 담기도 한다. 이때는 '에필로그', '마치며'와 같은 말로 대신 하기도 한다. "다들 제 글 읽고 오신 거죠? 저는 이런 마음을 담아 글을 완성했어요. 요즘은 이런 생각을 하기도 합니다. (혹시 다른 마음이 들었다면 제 마음은 이러했다는 걸 알아주시길 바라요)" 책의 마지막에 담아 두었다는 것은 마지막에 읽어 달라는 뜻 아니겠는가. 우선 작품에 집중하길 바란다는 작가의 의도가 담겨있을 테다.

 나는 어찌 되었든 책을 펼치면 습관처럼 작가의 말을 찾아 먼저 읽어본다. 그렇게 하고 나면, 작가와 사적인 대화를 마친 기분이 든다. 작가와 내가 결이 맞는가, 내가 좋아하는 그 작가는 이 글을 쓰며 어떤 시간을 보내왔는가 가늠해 본다. 정제된 작품 속 모습에서 벗어나 조금은 더 자유롭게 자신의 이야기를 기록하고 있는 작가의 모습을 상상한다.

 행복하지만 지난했을 긴 과정을 마친 작가는 아마도 많이 지쳐 있겠지. 당분간은 자신의 작품을 들추어 보기 싫을 정도로 탈진 했을지도 모른다. 잠을 푹 자고 따뜻한 물로 긴 샤워를 마쳤을 것이다. 어쩌면 멀리 여행을 떠나 있을지도 모르겠다. 그렇다면 하얀 시트가 바삭거리는 침대에서 늦잠을 자고 일어나 온도와 습도가 딱 맞는 공기에 상쾌함을 만끽하고 있을 것이다. 고요해진 늦은 밤, 맥주나 커피 한 잔을 두고 테이블에 앉아 가벼운 마음으로 '작가의 말'을 써내려 가지 않을까.

 언젠가 나에게도 기회가 주어진다면, 나는 책머리에 다정한 '작가의 말'을 적고 싶다. 나의 글을 읽는 이들에게 나의 애정을 더 담아 인사를 나누어야지. 글이 되어 나만의 것이 아닌 게 되어버린 내 마음이 독자의 마음을 할퀴어 버리지 않기를 기원하는 마음을 담아야겠다. '다정도 병인 양하여'도 어쩔 수 없다. 그래야 마음껏 용기를 내어 글을 쓸 수 있을 테니까.

취미는 선플,
댓글창에서는 솔직담백

내가 좋아하는 작고 소중한 일상
: 위로의 댓글 달기

안녕하세영 ♥
당신을 응원합니다!

나는 잘 웃는다. 사람들과 섞여 웃는 걸 좋아하기도 하고 사소한 유머에도 목젖이 보이게 웃고 마는 성격이다. 언니는 내가 막내라서 복잡한 어른들의 세계를 모른 채 해맑게 자란 덕분이라고 했다. 하지만 나는 이미 마흔이 넘었는걸. 결혼도 하고 아이도 둘이나 낳아 키웠는데 어찌 인생의 쓴맛을 모르랴. 진중한 편인 남편은 아무 데서나 호탕하게 웃는 나의 모습에 여전히 놀라곤 하지만, 그래도 나의 웃음 메커니즘은 누구보다 잘 이해하고 있는 듯하다.

한번은 내가 남편과 이런저런 이야기를 하다가
"다른 사람들은 나를 어떤 사람이라고 생각할까요?"
물은 적이 있다. 기대하는 답이 있는 질문이었다. 잠시 고민하던 남편은 역시나 냉철한 판단을 내렸다.
"음, 속을 잘 모르겠는 사람."

마침표로 끝나는 확신에 찬 대답이었다. 원치 않는 반응이었으나, 아니라고 받아 칠 수가 없었다. 그렇다. 나는 그런 사람이다. 속내를 잘 드러내 보이지 않는 사람. 웃음으로 속마음을 가두는 사람이다. 이런 부류의 사람들을 나쁘게 말하자면 음흉하거나 자신을 숨기는 사람이라고도 할 수 있겠다.

모임을 마치고 돌아오는 길, 종일 웃기만 했던 내 모습을 떠올리며 찝찝했던 기억도 수두룩하다. 그렇다고 어색한 사이에 "나는 음흉하지는 않고요, 단지 속마음을 드러내는 게 부끄러울 뿐입니다." 구구절절 늘어놓을 수도 없다. 답답할 노릇이다. 내 마음은 그게 아닌데.

인연이 닿아있는 사람들을 불편하게 하는 게 불편한 사람, 그게 나이다. 아주 가까운 지인들 몇 명을 제외하곤 주변 사람들이 나로 인해 불편해지는 것이 힘들다. 싫은 일을 내색하거나 부정적인 표현을 주고받는 게 싫다. 보통은 다 괜찮고, 좋은 게 좋은 거다. 그냥 웬만한 것들은 다 좋고 만다. 그래서일까. '내 말이 누군가를 불편하게 하면 어쩌나'

하여 섣불리 말을 꺼내기 힘들다.

　가끔 흥이 오르는 날은 머리를 잠깐 스친 말들을 툭 뱉어 버리고 만다. 수다를 나누는 것에 서툴다 보니 그런 날은 집에 돌아와 요망진 입술을 탓하며 후회하곤 한다. '뭣 하러 그 말까지 했을까, 그 표현은 좀 아닌 거 같은데.' 혼자서 수다를 곱씹는다. 이러다 보니 친구들 사이에서 나는 듣는 부분을 도맡는다. 다행히 내 친구들은 말하는 것을 좋아한다. 오만가지 표정으로 흡족한 반응을 보내는 것 또한 내 몫이다.

　고민과 걱정이 올라오면 나도 모르게 웃음으로 잠시 가둬둔다. 그런 건 나 혼자 있을 때 가만히 꺼내어 풀어본다. 단순한 편이라 훌 훌 날려버리는 것이 대부분이지만, 무겁게 가라앉은 것들은 잘 묵혀두었다가 하나씩 해결하려고 한다. 내가 날것의 감정을 쉬이 드러낼 수 있는 건 웃음뿐이다.

　이런 나도 용기를 내어 솔직하게 내 마음을 털어놓는 소소한 취미가 하나 있다. 그것은 바로 '위로의 댓글 남기기'.

아이를 키우기 시작하면서, 일명 '맘 카페(Mom Cafe)' 와 같은 인터넷 커뮤니티를 통해 정보를 얻어왔다. 잠 안 자는 아이를 재우는 법, 동네 무슨 마트에서 하는 세일, 육아로 지친 부부의 다툼을 방지하는 방법, 시댁에서 생긴 마찰에 대한 고찰 등. 여러가지 이야기들을 읽고 공감하며 많은 고비를 넘겨왔다. 최근에는 큰 아이의 입시를 준비하며 입시생들의 정보를 공유하는 커뮤니티 활동이 왕성해졌다.

나는 그곳에서도 역시 쓰는 편보다는 읽는 편에 속한다. 수다를 나누는 것이 어렵기 때문이다. 아무렇지 않게 일상을 공유하는 사람들의 자유로움이 신기하기만 하다. 가끔은 아이를 키우면서, 남편과 다투고 난 후, 삶이 힘들어 지친 사람들이 자신의 이야기를 쏟아내듯 적기도 한다. 익명의 공간에서 직접적인 도움도 받지 못할 터인데, 그런데도 자신의 괴로움을 내뱉는 사람들의 이야기를 도무지 그냥 넘기지 못한다.

그런 글을 읽고 나면 가만히 생각을 정리하고, 네모난 작은 창에 나의 마음을 채운다. 평소의 나와는 달리 솔직하고 긴 문장으로 위로를 하기도 하고 응원을 보내기도 한다. 지친 마음을 위로받고 싶은 글쓴이에게 '저기요, 여기 당신과 함께 가슴 아픈 사람이 있어요. 좋아질 거예요, 괜찮을 겁니다.' 마음을 꾹꾹 눌러 담아 나의 이야기도 덧붙인다. 작디작은 댓글 창에서는 없던 용기도 불쑥 솟아난다.

최근에는 수험생 커뮤니티에서 고등학교 3학년 학생의 글을 읽게 되었다. 열심히 하는데 인정 하지 않는 부모에 대한 원망과 자신의 처지를 한탄하는 학생의 슬픔이 담겨 있는 글이었다. 우리 딸을 보는 것 같아 마음이 아프기도 했고, 성적으로 괴로웠을 아이를 위로하지 못했던 나의 모습이 떠올라 부끄럽기도 했다.

나는 그 학생에게 긴 댓글을 하나 남겼다. 그동안 힘들었을 마음을 위로하고, 자식을 채찍질하는 부모의 마음이 나와 닮아 부끄럽다고 전했다. 부모에게 상처받은 그 학생에게 대신 사과의 마음을 전하고 앞으로 반년 뒤 펼쳐질 새로운 날들을 응원하는 댓글이었다.

　며칠이 지나고, 수험생활로 바쁠 그 학생이 내 글에 힘을 얻었다면서 답장을 보내왔다. 마음이 뜨끈했다. 용기가 없어 나누지 못하는 일상 속 감정들을 공감과 응원의 댓글을 통해 해소하는 것으로 기운을 얻었다. 댓글을 받은 그들에게도 위로가 되었기를.

　나의 소소한 취미를 밝혔지만 어쩐지 '속을 알 수 없는 사람'이라는 편견을 깨는 데는 도움이 되지 않는 것 같다. 그렇다면 속내를 잘 드러내지는 않아도 그럭저럭 음흉하지는 않은 사람인 것으로 이해해 주면 좋겠다. 나는 선플 다는 것이 취미인 사람이다.

친애하는 나의 우울에게

힘껏 끌어안은 당신과 헤어지는 방법

울적함이 찾아왔다. 혼자 있는 시간, 고요한 정적 속에 나를 내버려둔다. 오전에 해야 할 일을 서둘러 해치운다. 엉망이 되어버린 침대에 다시 드러누워 멍하니 시간을 보낸다. 멈추어 버린 나를 중심으로 나머지 세상이 일정한 궤도로 흘러가는 듯하다. 이 세상에 아무것도 아닌, 누군가도 찾지 않는 쓸모없는 존재가 되어버린 듯한 순간을 주기적으로 느낀다. 외로움과 쓸쓸함과 허탈함으로 버무려진 마음. 먹구름처럼 비바람을 몰고 올 것 같은 울적한 마음은 기척도 없이 나를 방문한다.

이 울적함이 싫기만 한 건 아니다. 오히려 커다란 곰 인형을 껴안듯 두 팔로 힘껏 끌어안는다. 조금 버거운 무게의 이 마음은 나에게 귀엣말을 속삭이는 듯하다.

'아무것도 하지 마. 이런저런 생각 하며 있어 봐. 나와 함

께 울적해지자. 차분하게 가라앉아보는 거야. 참, 즐겁고 행복한 기억은 잠시 접어두라고.'

반나절 정도 그렇게 머물다가 가 버린다. 나는 그 마음을 기꺼이 만끽하고 다시 일어나 평소의 생활 속으로 스며든다.

처음부터 울적함을 반가워한 것은 아니다. 속상한 일이나 걱정거리와 함께 찾아오는 불쾌한 감정은 해소가 안 됐다. 오히려 과거의 기억과 무의식의 어두운 면이 한데 엉클어져 실마리를 찾을 수 없게 마음을 가득 채웠다. 며칠을 머물며 나를 무기력하게 만들기도 하고, 가장 가까운 가족들에게 말도 안 되는 이유를 만들어 짜증을 부리게도 했다. 그렇다고 해서 "내가 좀 우울하니까 그냥 그런 줄 알아."라고 말하지 못했다. 열이 나는 것도 아니고 베인 상처에 피가 맺힌 것도 아닌데, 속이 시끄럽다는 것으로 배려를 바라고 싶지 않았다.

아무렇지 않은 척 있다가 혼자가 되면 무겁게 내려앉았다. 몸도 마음도. 그러다가 아무것이나 집어 먹고 아무렇게나 하루를 보내고 거울을 바라보면, 아무가 되어버린 못난 모습이 싫어 울적함이 더해졌다. 자고 일어나면 괜찮겠지 생각했지만, 다음날도 똑같았다. 나를 내가 망가트리는 느낌. 몇 번을 그렇게 반복하다가 생각했다. '나는 휘둘리고 싶지 않아'. 그것이 무엇이든 내 중심을 흔들게 내버려두고 싶지 않았다. 그랬다가는 되돌릴 수 없을 만큼 심연으로 침잠해 버릴 것 같았다. 그렇다면 방법은 둘 중 하나. 타인에게 도움을 청하거나 스스로 해결 방법을 찾는 것.

  나는 후자를 택했다. 함께 행복하고 혼자 울적하기를 자청한 것이다. 내 방법이 모두에게 옳다는 것은 아니다. 누군가는 타인의 도움을 적극적으로 받아야 할 터이다. 나만의 방법을 찾기 위해 이런저런 시도를 해보았다. 시간이 조금 걸렸지만, 다행이도 지금은 적당한 원인과 해소 방법을 찾았다. 주기적으로 찾아오는 울적함은 피할 수 없다. 그러니 나는 이 울적함을 불편한 손님 대하듯 하기로 했다. 나를 찾아오는 손님을 함부로 대할 수는 없다. 보드랍게 어루만져주면 머물다 인사 없이 떠나버린다. 물론 언젠가 다시 찾아오겠지만.

유난히 나를 세세히 느낄 때가 있다. '마음이 피곤 하구나, 그래서 울적하구나'하는 정도는 이제 스스로 알아챈다. 원인을 찾으려고 애쓰지 않는다. 분명한 이유가 있을 것이다. 단지 울적함 뒤에 숨어있을 뿐. 그 마음을 굳이 꺼내어 부끄럽게 하고 싶지는 않다. 가만히 그 자리에 두고 조용히 누워 얼마 동안 혼자의 시간을 보낸다.

'가끔은 아무도 날 찾지 않아도 좋아. 나는 이런 고요함도 좋아하잖아. 쓸모없는 존재가 된 것 같은 느낌도 나쁘진 않네. 솔직해져 봐. 나는 어지간히 쓸모 있는 인간이라는 걸 이미 알고 있잖아. 누군가에게는 기쁨이기도 사랑이기도 한 걸.'

가라앉은 기분이 회복되는 것 같으면 자리를 털고 일어난다. 이제 몸을 움직일 차례다. 가장 쉬운 일은 운동이다. 블루투스 이어폰을 끼고 헬스장으로 간다. 몸을 풀고 적당한 속도로 달린다. 처음에는 호흡이 가쁘고 자세도 조금씩 흐트러진다. 반복되는 호흡에 신경을 쓰고 두 다리에 힘의 균형을 생각하며 한참을 달린다. 그러다 보면 어느새 들숨과 날숨에 패턴이 생기고 자세도 균형이 잡힌다. 이제 아무 생각도 필요 없다. 그냥 달리는 거다. 내 몸이 팔딱팔딱 살아있는 기분. 위로도 필요 없는 기운찬 상태가 된다.

 수영장으로 가기도 한다. 샤워를 하고 몸에 딱 맞는 수영복을 입고, 머리를 꽉 조이는 수모를 쓴다. 내가 좋아하는 특유의 수영장 냄새를 맡으며 몸을 풀고 수준에 맞는 라인으로 입수. 적당히 차가운 물이 온몸을 지그시 누르며 나를 살짝 띄워준다. 내 주위를 둘러싼 모든 것들이 나를 어루만지는 듯한 안정감이 든다. 숨을 가다듬고 헤엄을 친다. 호흡이 가빠지고 어깨와 허벅지에 열이 오르는 기분이다. 계속 수영하다 보면 물은 더 이상 차갑지 않고 열이 오른 몸에서 아지랑이가 피는 듯하다. 이제 유아 풀로 자리를 옮겨 광합성을 하는 개구리밥처럼 둥실둥실 떠다녀 본다. 자유를 몸으로 표현한다면 이런 모습 아닐까.

 다음으로 내가 하는 일은 요리. 준비부터 마무리까지가 모두 요리의 과정이다. 가족의 취향에 맞는 메뉴를 구성하고, 식재료와 조리법을 조합한다. 적당한 익힘과 간을 맞추어 완성한 다음 어울리는 그릇에 담는 과정이 모두 내 손을 통해 이루어지니, 성취감으로 충만하다. 고기와 구수한 국물 요리를 좋아하는 작은아이와, 새로운 향신료와 새콤달콤한 이국적인 감칠맛을 즐길 줄 아는 큰 아이, 이제는 고기 요리보다는 생선과 채소를 가까이하는 남편까지. 모두가 좋아할 만한 메뉴를 생각하며 식단을 꾸리는 과정은 즐겁다. 울적할 틈이 없다.

　마음이 더욱 복잡한 날은 저장 음식을 만든다. 엄마가 보내 준 오이지를 꺼내어 최대한 얇게 썰어 물에 담가 짠 기운을 뺀다. 베보자기에 담아 물기를 꼭 짜고 적당한 양념으로 무쳐놓으면 보름은 든든하게 먹을 수 있다. 냉장고에 방울 토마토가 많은 날은, 오븐에 열을 올리고 토마토를 절반으로 잘라 소금을 뿌린 뒤, 오븐에 토마토를 굽듯이 말려 식히고 올리브유에 담가놓는다. 이렇게 만들어 두면 파스타를 하거나 샐러드를 할 때도 토마토의 풍미를 한껏 올릴 수 있다. 식재료를 소분하거나, 다 쓴 양념통에 양념들을 채워 넣는다. 단순하고 반복적인 움직임이 필요한 일은 마음을 가다듬는 데 도움이 된다.

이 정도 시간을 보내고 나면, 울적했던 기분은 휘발된 듯 사라진다. 이제는 좋아하는 음악을 듣고 독서할 차례다. 음악에 빠져 책을 읽으며 공감할 정도가 되었다는 것은 다시 활기를 찾았다는 뜻이다. 이제 좋아하는 사람들과 시간을 나누고 평범한 일상을 보내면 된다. 하루하루 쌓는 작고 소중한 일상들은 내 마음 구석구석에 녹아든다. 의식하지 않고 살아가다가 얼마 후 또다시 울적함이 찾아오면 그제야 알아챈다. 알맹이 있는 지나온 일상들이 나를 지켜줄 것이라는걸. 마냥 행복하기만 했다면 몰랐을 일상의 소중함이다.

가족들과 이야기를 나누고, 사람들을 만나 함께 시간을 보낸다. 그들의 웃음을 보며 나는 생각한다. '저들에게도 아픔이 있겠지. 저들에게도 울적한 날들이 있겠지.'

힘든 시간을 보내고 나를 향해 웃어주는 그 다정함이 얼마나 보드랍고 포근한 것인지 나는 안다. 그래서 지금 내 앞에서 웃고 있는 당신의 모습이 더욱 사랑스럽다. 나도 덩달아 당신에게 환한 미소를 보낸다. 우리의 울적함에 위로를 보내는 마음을 담아.

안녕하세영

글/그림 | 세영
표지디자인 | 세영
이메일 | seyoung_hello@naver.com
발행처 | 도서출판 진포
발행일 | 2025년 12월 10일

ISBN | 979-11-93403-47-1

인　쇄 | 진포인쇄
주　소 | 전북특별자치도 군산시 팔마로4
전　화 | 063)471-1318

ⓒ 안녕하세영
본 책은 저작자의 지적 재산으로서 무단 전재와 복제를 금합니다.